LA SEGURIDAD SOCIAL DE LOS TRABAJADORES TRANSNACIONALES Y SU JUBILACIÓN. ESPECIAL REFERENCIA A LOS TELETRABAJADORES TRANSFRONTERIZOS Y NÓMADAS DIGITALES

ISABEL M.ª PÉREZ GÁZQUEZ

LA SEGURIDAD SOCIAL DE LOS TRABAJADORES TRANSNACIONALES Y SU JUBILACIÓN. ESPECIAL REFERENCIA A LOS TELETRABAJADORES TRANSFRONTERIZOS Y NÓMADAS DIGITALES

ARANZADI

Primera edición, 2024

Editorial Aranzadi, S.A.U.
C/ Collado Mediano, 9
28231 Las Rozas (Madrid)
ISBN versión impresa: 978-84-1162-809-9
DL NA 245-2024
Printed in Spain. Impreso en España
Fotocomposición: Editorial Aranzadi, S.A.U.
Impresión: Rodona Industria Gráfica, SL
Polígono Agustinos, Calle A, Nave D-11
31013 – Pamplona

Índice General

Página

Página

Introducción

La movilidad de personas de unos países a otros con el objetivo de desarrollar la actividad laboral, ya sea de manera temporal o permanente, no se trata de una práctica nueva ni exclusiva del mundo contemporáneo. Siempre han existido personas que han abandonado sus hogares en busca de nuevas oportunidades y mejores condiciones laborales con respecto al país de origen. Sin embargo, el auge y extensión de estos movimientos sí que se encuentran estrechamente ligados a la globalización y los efectos derivados de ella, incluso con nuevas formas de movilidad que no exigen el desplazamiento físico del trabajador, tal y como ocurre con los teletrabajadores internacionales y nómada digitales.

Esta movilidad laboral transnacional puede ser una valiosa oportunidad tanto para trabajadores como empleadores pues, entre otros aspectos, con respecto a los primeros, permite acceder a empleos mejor remunerados, ampliar la red de contactos profesionales o mejorar las habilidades lingüísticas y, en el caso de las empresas, facilita la posibilidad de acceder a talentos internacionales y diversificar la fuerza de trabajo. No obstante, también puede implicar grandes desafíos asociados a diversas cuestiones como la adaptación a un nuevo entorno cultural y forma de trabajar, la fuga de cerebros hacia otros países con mejores condiciones laborales o las problemáticas de tipo jurídico relacionadas con la legislación de extranjería, el régimen fiscal o el sistema de Seguridad Social.

De hecho, una de las dificultades de tipo práctico que se plantea desde la perspectiva de la Seguridad Social es la relativa a la determinación de la legislación que resulta aplicable bajo el principio rector *lex loci laboris,* según el que el trabajador queda sujeto al régimen del país en el que se desarrolla y ejecuta la actividad laboral. Como muestra de ello, el caso de un trabajador que es desplazado por una empresa española para realizar la actividad laboral de manera temporal en otro país como China, el de un trabajador con domicilio en Francia que desarrolla la actividad en régimen de pluriempleo o pluriactividad para diversas empresas ubicadas en países distintos como España e Italia, o el de un trabajador tripulante de vuelo residente en España que trabaja en un aeropuerto francés para una compañía aérea con sede central en Irlanda.

Igualmente, cuando se trata de la movilidad telemática transfronteriza, en la que el clásico concepto de lugar de trabajo queda desvirtuado con respecto al trabajo presencial, y la problemática alcanza incluso a efectos de determinar si el lugar de desarrollo de la actividad y ejecución del contrato de trabajo es aquél en el que se ubica la sede principal o centro de trabajo de la empresa o, por contra, es el domicilio desde donde el trabajador teletrabaja.

A saber, entre otras, la situación de teletrabajo internacional o transfronterizo de los trabajadores extranjeros que durante la pandemia se trasladaron a las Islas Canarias para continuar teletrabajando desde allí para una empresa ubicada en otro país, la de un trabajador de origen argentino que traslada su residencia a España para teletrabajar para una empresa norteamericana, o la de un trabajador contratado por una empresa francesa para desarrollar la actividad de manera híbrida, combinando el trabajo presencial en Francia con el teletrabajo desde el domicilio ubicado en Madrid con semanas alternas.

Una cuestión que, hasta el 1 de julio de 2023, fecha en la que entró en vigor el Acuerdo marco relativo a la aplicación del apartado 1 del artículo 16 del Reglamento (CE) núm. 883/2004 en los casos de teletrabajo transfronterizo habitual, aún no había sido tratada específicamente por la normativa de coordinación internacional, ocasionando la controversia en torno a si la sujeción a la legislación de uno u otro país debía realizarse según el citado principio rector o el subsidiario *lex domicilii*. Aunque es importante aludir al hecho de que se trata de un acuerdo de carácter temporal y que tan sólo resulta aplicable en el marco de los países signatarios.

De este modo, es preciso atender a las distintas casuísticas que envuelven a la situación de movilidad, desde el supuesto genérico del trabajador migrante que traslada su residencia a otro país para trabajar hasta otros más complejos que cuentan con regímenes jurídicos diferenciados. Además, en línea con esta vinculación al sistema de Seguridad Social de uno u otro país dependiendo del tipo de movilidad, otro asunto a abordar es la repercusión que los posibles cambios de legislación entre unos países y otros puede implicar a efectos prestacionales. Especialmente, con respecto a aquellas prestaciones que exigen un largo período de carencia, como es la prestación de jubilación.

Por ejemplo, si un trabajador español que cuenta con una carrera de cotización fraccionada, con veinte años en el sistema francés, cinco en Estados Unidos y otros diez en el sistema español, puede acceder a la jubilación y en qué condiciones. Es decir, si tiene que solicitar los derechos prestacionales separadamente en cada uno de estos países para que cada uno le reconozca o no el derecho a la pensión, según su ley nacional y las cotizaciones realizadas exclusivamente en cada uno de ellos, aún a riesgo de que este fraccionamiento de las cotizaciones pueda implicar no cumplir con los requisitos mínimos en ninguno de los países o, si por el contrario, existen mecanismos de unificación de las cotizaciones que le permitan acceder a la jubilación bajo una única legislación. La francesa, la estadounidense o la española. Y, en su caso, cuál. Más aún, teniendo en cuenta que a efectos de la jubilación no existe un sistema único y compartido a escala internacional para todos los trabajadores.

De hecho, son habituales las diferencias con respecto a la edad legal ordinaria, los períodos de carencia, en su caso, y las fórmulas de cálculo de su cuantía. En 2024, algunas de estas variaciones se observan entre países como Colombia, Francia, España, Estados Unidos o Noruega, entre otros, cuyas edades legales son los 62 años, 62 años y 6 meses, 65 o 66 años y seis meses dependiendo de si se acredita un período de cotización de 38 años, 66 y 67 años, respectivamente.

Así las cosas, a lo largo de esta obra se exponen los diversos escenarios existentes en torno a la movilidad transnacional con el objetivo de, por un lado, definir los criterios que determinan la sujeción a la legislación de Seguridad Social de uno u otro país. Por otro lado, señalar las dificultades u obstáculos que pueden existir desde la perspectiva del acceso a la prestación de jubilación, así como las diferencias en el contenido prestacional dependiendo de donde se haya generado tal derecho. Todo ello, a través del estudio y análisis comparativo de los sistemas de jubilación a nivel global y los instrumentos de coordinación entre los distintos países, en su caso, pues con relación a los países terceros, la existencia y desarrollo de estos mecanismos no se encuentra en paralelo con el auge y expansión de este fenómeno de movilidad laboral internacional.

Además, para facilitar la comprensión del alcance de estos efectos jurídicos, se hace particular mención de los países de Francia, Italia, Japón, Estados Unidos y Colombia, en contraste con los países que no cuentan con instrumentos de coordinación con el sistema de Seguridad Social español. Así, estos países han sido elegidos bajo dos criterios: el primero, atendiendo a la existencia de instrumentos de coordinación internacional con el sistema de Seguridad Social español, vía reglamentos del ámbito de los países miembros —Unión Europea, Espacio Económico Europeo y Suiza— o convenios bilaterales. El segundo, según los criterios que configuran el acceso a su prestación de jubilación y la similitud o disparidad con respecto al sistema español.

Capítulo I

La movilidad transnacional de trabajadores. consideraciones previas

SUMARIO: 1. MOVILIDAD LABORAL TRANSNACIONAL Y CATEGORÍAS DE TRABAJADORES. *1.1. Categorías de trabajadores en el contexto de la movilidad transnacional.* 1.1.1. Trabajador fronterizo y transfronterizo. 1.1.2. Trabajador de temporada. 1.1.3. Trabajador itinerante. 1.1.4. Trabajador desplazado. 1.1.5. Trabajador expatriado. 1.1.6. Teletrabajador transfronterizo y nomadismo digital. 2. RÉGIMEN JURÍDICO EN MATERIA DE EXTRANJERÍA. ASPECTOS GENERALES. *2.1. Visados clásicos previstos en la LOex. 2.2. Visados por razones de interés económico.*

1. MOVILIDAD LABORAL TRANSNACIONAL Y CATEGORÍAS DE TRABAJADORES

La movilidad de personas de unos países a otros con el objetivo de encontrar trabajo o desarrollar la actividad laboral en otro país, ya sea de manera temporal o permanente, no se trata de una práctica nueva ni exclusiva del mundo contemporáneo. Siempre han existido personas que han abandonado sus hogares en busca de nuevas oportunidades y mayor seguridad para ellos mismos y para sus familiares. En unos casos, debido exclusivamente a la falta de oportunidades y expectativas laborales en sus países, al menos en términos de trabajo decente y, en otros, obligados por situaciones extremas de pobreza, desastres naturales, conflictos bélicos, ausencia de derechos humanos o libertades individuales, entre otros. No obstante, el auge y extensión de estos movimientos sí que se encuentran estrechamente ligados al fenómeno de la globalización y a los importantes cambios que trajo consigo en todos los aspectos de la sociedad, la economía, el comercio y, por supuesto, los mercados de trabajo y la forma de organizar y desarrollar la actividad laboral[1].

De esta manera, si tradicionalmente el proceso migratorio se producía entre países vecinos, gracias a factores propios de esta era de globalización como la mayor facilidad de acceso a la información o la masificación y abaratamiento de los transportes, entre otros, el perfil de estos desplazamientos comenzó a cambiar y comenzaron a darse desplazamientos hacia otros países industrializados, incluso a pesar de las distancias.

Además, otro de los aspectos estrechamente ligados a este contexto globalizador que resultó esencial en el incremento de este proceso de movilidad laboral fue la configuración de unas políticas de migración de carácter inclusivo y permisivo como las llevadas a cabo en el entorno europeo. En este caso, a través del reconocimiento de la libre circulación de personas, servicios y capital como pilar básico y estructural de la Comunidad Europea (Título IV, arts. 45-66 del Tratado de la Unión Europea —TFUE—, antiguo artículo 39 del Tratado Constitutivo de la Comunidad Europea).

Como ejemplo de lo anterior, hay que mencionar que, si en el año 1970 el número de migrantes internacionales era de un 2,3 por ciento con respecto a la población mundial, en el año 2020 esta cifra alcanzó el 3,6%. En cuanto a los países receptores, Europa se situó como principal destino, con 87 millones (el 30,9% de la población de migrantes internacionales), seguida por Asia con 86 millones (30,5%), América del Norte (59 millones, el 20,9%), África (25 millones, el 9%), América Latina y el Caribe (15 millones, el 5,3%, con un aumento del doble con respecto a quince años antes. De hecho, se situó como la región con la tasa más alta de aumento de esta población) y Oceanía (9 millones de migrantes internacionales, el 3,3% del total). Ello, teniendo en cuenta que para la estimación de estas cifras se entiende como migrante internacional a toda persona que cambia su residencia habitual a otro país, ya sea por breves o largos períodos de tiempo[2].

Junto a lo anterior, y en este caso, en relación con el proceso migratorio específicamente laboral, es decir, el circunscrito a la persona que realiza una actividad remunerada en un Estado del que no es nacional, otro aspecto a

1. RUESGA BENITO, S. M. y DA SILVA BICHARA, J. «Globalización, relaciones laborales y migración: conceptos básicos y aspectos teóricos». *Clm.economía: Revista económica de Castilla-La Mancha*, núm. 10, 2007, pp. 129-161; ZUBERO, I. «Trabajo y Globalización». *Revista Lan Harremanak*, núm. 12, 2005, p. 86.
2. OIM. ORGANIZACIÓN INTERNACIONAL DE LAS MIGRACIONES. *Informe sobre las migraciones en el mundo, 2020.* pp. 23-24.

considerar es que el perfil de estos flujos también ha cambiado[3]. Así, si tradicionalmente la mayor parte de estos movimientos eran llevados a cabo por trabajadores que se desplazaban para ocupar puestos de trabajo poco cualificados que quedaban vacantes debido a que los nacionales del país receptor optaban por puestos con mejores condiciones laborales, junto a ellos comenzaron a surgir otros perfiles de trabajadores. Es el caso de los trabajadores cualificados que se desplazan en búsqueda de nuevos retos personales y mejoras laborales[4].

Además, el desarrollo digital y tecnológico propio de la industria 4.0 que se viene produciendo en los últimos años ha ocasionado la aparición de nuevas formas de organización del trabajo y desempeño de la actividad laboral que, a su vez, han originado nuevas fórmulas de movilidad laboral que no exigen el desplazamiento físico de la persona trabajadora a otro país[5].

Así, junto a los clásicos motivos que originaban estos movimientos transnacionales de personas, que se desplazaban en búsqueda de mejores oportunidades laborales y calidad de vida, normalmente ante la falta de oportunidades en el país de origen, han surgido otras razones que han contribuido a incrementar esta movilidad de trabajadores y han dado lugar a nuevas formas y realidades. De hecho, se ha señalado que la migración laboral del mundo globalizado se caracteriza por su aumento, la pluralidad de causas que la impulsan, la diversidad de flujos de migrantes, el crecimiento de la migración irregular y el declive de la gestión bilateral de la migración[6].

1.1. CATEGORÍAS DE TRABAJADORES EN EL CONTEXTO DE LA MOVILIDAD TRANSNACIONAL

La Convención Internacional de Naciones Unidas sobre la protección de los derechos de todos los trabajadores migratorios y de sus familiares, de 1990, cuyo objetivo es proteger los derechos de estos colectivos[7], define al

3. Art. 2. NACIONES UNIDAS. *Convención internacional de Naciones Unidas sobre la protección de los derechos de todos los trabajadores migratorios y de sus familiares.* Resolución 45/158, de 18 de diciembre de 1990.
4. *Ibidem*, p. 8.
5. Véase, MERCADER UGUINA, J. R. *El futuro del trabajo en la era de la digitalización y la robótica*, Valencia, Tirant lo Blanch, 2017.
6. CONFERENCIA INTERNACIONAL DEL TRABAJO. *En busca de un compromiso equitativo para los trabajadores migrantes en la economía globalizada*, 92.ª reunión, Ginebra, 2004, pp. 3-19.
7. NACIONES UNIDAS. *Convención internacional de Naciones Unidas sobre la protección de los derechos de todos los trabajadores migratorios y de sus familiares...ob. cit.*

trabajador migratorio como «toda persona que vaya a realizar, realice o haya realizado una actividad remunerada en un Estado del que no sea nacional» (art. 2). Por tanto, el precepto emigración o migración hace referencia a una macrocategoría de movilidad que incluye todas las situaciones en las que una persona se desplaza a otro país motivada por la búsqueda de mejores oportunidades laborales con respecto a las del país de origen, ya sea de manera permanente o temporal.

Ahora bien, existen diversos criterios que permiten a su vez distinguir otras subcategorías, según la forma en que se produce el desplazamiento y desarrolla la actividad, con sus propias particularidades y régimen jurídico. Es el caso de los trabajadores fronterizos, los desplazados, los itinerantes, entre otros, que a continuación serán analizados en mayor detalle[8].

De este modo y, tomando como referencia y punto de contraste esta fórmula clásica de migración laboral prevista en la Convención Internacional de Naciones Unidas, se abordan las diferentes subcategorías en las que se concreta este concepto de trabajador con movilidad transnacional, cuyo elemento común es que en todas ellas hay un desplazamiento, aunque no sea físico, hacia otro país para el ejercicio de la actividad. Todo ello, teniendo además en consideración que, dentro de la categoría de trabajadores, la normativa distingue entre trabajadores por cuenta ajena, trabajadores por cuenta propia y funcionarios. Si bien, el marco conceptual de esta obra se centra en los dos primeros, por ser los que conforman la mayor parte de la masa laboral.

1.1.1. Trabajador fronterizo y transfronterizo

El principal instrumento de coordinación en materia de Seguridad Social en el ámbito de los países miembros —Unión Europea (UE), Espacio Económico Europeo (EEE) y Suiza—, es decir, el Reglamento (CE) núm. 883/2004 del Parlamento Europeo y del Consejo de 29 de abril de 2004 —reglamento de base—, define al trabajador fronterizo como aquel que realiza una actividad por cuenta ajena o propia en un Estado miembro distinto a aquel en el que reside y al que regresa normalmente a diario o al menos una vez por semana [art. 1.f)].

Este concepto es seguido por el Reglamento (UE) 589/2016, de 13 de abril, relativo a una red europea de servicios de empleo (EURES), al acceso

8. Sobre las distintas formas de realizar la actividad véase, RODRÍGUEZ-PIÑERO ROYO, M. «La movilidad internacional de trabajadores: aspectos generales y supuestos de movilidad internacional». *Revista del Ministerio de Empleo y Seguridad Social*, núm. 132, 2017, pp. 17-48.

de los trabajadores a los servicios de movilidad y a la mayor integración de los mercados de trabajo y por el que se modifican los Reglamentos (UE) núm. 492/2011 y núm. 1296/2013, aunque en este caso tan sólo en referencia al trabajador por cuenta ajena.

Así, se trata de un concepto delimitado por dos factores. El territorial y el temporal, sin que en ningún caso influya la nacionalidad del sujeto con respecto a los países implicados en el desplazamiento, ya que el criterio que prevalece es el de residencia.

En lo que respecta al primero de los factores indicados, el territorial, se hace referencia a la existencia de un desplazamiento entre dos espacios geográficos de países distintos pero contiguos. Entre el país en el que el trabajador tiene establecida su residencia habitual y el lugar donde se ejecuta la actividad laboral, que ha de encontrarse en un país distinto al anterior. Con respecto a España, se hace referencia a los desplazamientos con Portugal, Gibraltar, Andorra, Francia y Marruecos respecto de Ceuta y Melilla.

Sería el caso, por ejemplo, de un trabajador residente en España que atraviesa la frontera para realizar su actividad laboral en Francia y viceversa. Esto, tal y como se ha dicho, con independencia de su nacionalidad. Es decir, no importa que este trabajador tenga la misma nacionalidad que la del país hacia el que se desplaza, ya que el motivo de este desplazamiento es de carácter laboral. De este modo, un trabajador español que trabaja en una empresa española, pero traslada su residencia a Francia, también puede ser catalogado como trabajador fronterizo, ya que el elemento central de tal catalogación es el lugar de partida y destino del desplazamiento que se produce con ocasión del desempeño de la actividad laboral.

Por su parte, el elemento temporal es medido en términos de frecuencia. Desde aquellos desplazamientos que se producen a diario, como los de cualquier otro trabajador que regresa a su domicilio tras realizar la jornada laboral, a los que se realizan con menor frecuencia, pero con un límite mínimo semanal. Es decir, se trata de desplazamientos que se realizan con frecuencia, aunque no sea diaria, y no de manera puntual o esporádica, ya que se considera que el ánimo de permanencia se encuentra en el país dónde se encuentra el domicilio, al que se regresa para disfrutar como mínimo del descanso semanal.

Según datos publicados por el Instituto Nacional de Estadística y Eurostat, en 2018, de los 220 millones de personas ocupadas en la Unión Europea

—UE— entre las edades de los 20 y 64 años, 1,3 millones (0,6 % de todos los ocupados) se encontraban en esta situación[9].

En cuanto a los lugares de estos desplazamientos, la mayoría de estos trabajadores vivían en Polonia y trabajaban en Alemania —125.000 personas—, vivían en Francia y trabajaban en Luxemburgo —88.000—, vivían en Alemania y trabajaban en Luxemburgo —52.000—, vivían en Eslovaquia y trabajaban en Austria —48.000— o vivían en Francia y trabajaban en Bélgica —46.000—. Por tanto, según estos datos, España no se encuentra entre los países en los que mayor presencia tiene esta modalidad de movilidad laboral transnacional[10].

Pues bien, si se analiza la normativa interna sobre extranjería se observa que, en lugar de mencionarse esta categoría de trabajador fronterizo regulada por la normativa de los países miembros, se hace referencia a la figura del trabajador transfronterizo. Es decir, se utilizan nomenclaturas distintas.

La Ley Orgánica 4/2000, de 11 de enero, sobre derechos y libertades de los extranjeros en España y su integración social —LOex—, los define como «los trabajadores extranjeros que, residiendo en la zona limítrofe, desarrollen su actividad en España y regresen a su lugar de residencia diariamente» (art. 43).

En esta definición se produce una matización tanto territorial como temporal con respecto a la europea, ya que en este caso el elemento territorial queda matizado por el hecho de que los lugares de partida y destino han de ubicarse en zonas fronterizas. Algo que no ocurre con la normativa europea, donde tan sólo se hace mención de la exigencia de que se atraviese la frontera en el desplazamiento, sin que ello necesariamente tenga que implicar que el lugar de desempeño de la actividad laboral o residencia del trabajador tengan que estar en estas proximidades. Además, en este caso el elemento temporal queda limitado a una frecuencia mínima de carácter diario y no semanal.

9. INE y EUROSTAT. *Gente en movimiento. Estadísticas sobre movilidad europea*, 2019. Disponible en: https://www.ine.es/prodyser/eumove19/blo) c-2c.html?lang=es Consultado: 9 de mayo de 2023.

10. Para más información acerca de este tipo de movilidad en España véase, OJEDA AVILES, A. «Trabajadores transfronterizos y migrantes los círculos aplicativos en los desplazamientos transnacionales». *Revista de derecho social*, núm. 99, 2022, pp. 17-38; MEDINA GARCÍA, E. «Trabajadores fronterizos y transfronterizos en España y Portugal a lo largo de la Historia». *Revista de estudios extremeños*, vol. 64, núm. 1, 2008, pp. 61-88.

Por tanto, se está haciendo referencia a supuestos distintos, de una manera más restrictiva en el caso de la normativa española, que incluso exige la obtención de una autorización administrativa para realizar tales desplazamientos frente a la libertad de movimiento que rige en el ámbito de los países europeos. De hecho, este último aspecto es el que ha llevado a la interpretación de que en realidad el legislador español al regular esta figura del trabajador transfronterizo y no del fronterizo, no está utilizando solamente una nomenclatura distinta, sino que en realidad está haciendo mención de un supuesto distinto al previsto por la normativa europea, dirigido tan sólo a los desplazamientos con países terceros y no entre los países miembros. Luego, la conclusión es que en el ámbito español se distingue entre el trabajador fronterizo, referido a los países miembros, y el trabajador transfronterizo, que alude al ámbito extracomunitario[11].

1.1.2. Trabajador de temporada

El reglamento de base del año 2004 mencionado en la categoría anterior no realiza definición alguna acerca del trabajador de temporada, tal y como hace con respecto al fronterizo. Además, al contrario que su norma precedente, el Reglamento (CEE) núm. 1408/71 del Consejo, de 14 de junio de 1971, relativo a la aplicación de los regímenes de seguridad social a los trabajadores por cuenta ajena y a sus familias que se desplazan dentro de la Comunidad, que sí lo hacía.

Este reglamento del año 1971 definía como trabajador de temporada al trabajador por cuenta ajena que se desplaza a otro Estado miembro distinto de aquél donde reside, con el objetivo de desarrollar allí un trabajo de carácter estacional, de duración máxima de ocho meses, a cargo de una empresa o de un empresario de ese país. Todo ello, teniendo en cuenta que entiende por trabajo de carácter estacional al trabajo que depende del ritmo de las estaciones y que se repite automáticamente cada año (art. 1 c)].

Por tanto, se trata de una definición que coincide con la del trabajador fronterizo en el sentido de que en ambos casos se trata de un trabajador que atraviesa la frontera para realizar la actividad laboral en un país distinto al de su residencia, pero que también cuenta con notables diferencias.

11. ZALVIDE BASSADONE, A. «Delimitación de la figura del trabajador fronterizo y su evolución conceptual en el panorama de la UE», en AAVV. *Libre circulación de trabajadores en la Unión Europea. Treinta años en la Unión: XXXV Jornadas Universitarias Andaluzas de Derecho del Trabajo y Relaciones Laborales*, Gorelli Hernández, J. (coord.), 2017, p. 148; CARRIL VÁZQUEZ, X. M. *Tres apuntes sobre la regulación legal de los desplazamientos fronterizos en el Derecho del trabajo y de la Seguridad Social de la Unión Europea y su impacto en el Derecho interno de los Estados miembros*, 2009.

La primera de estas diferencias es el carácter estacional y temporal de la actividad. Así, si en el caso del trabajador fronterizo no se hace mención alguna a la duración de la actividad a desarrollar en otro país —el elemento temporal tan sólo esta referido a la frecuencia de regreso al domicilio habitual— ni al sector de actividad, en este caso el trabajo a realizar en el país distinto al de residencia ha de enmarcarse en las llamadas campañas de temporeros y por un período máximo de tiempo. Además, el regreso al lugar de residencia habitual no se da con carácter repetitivo como en el caso del trabajador fronterizo, sino que se realiza una sola vez, finalizada la temporada de trabajo.

Por su parte, la legislación interna de extranjería también hace mención de los trabajadores de temporada, aunque de manera escueta, sin referencia alguna a su delimitación conceptual y con remisión reglamentaria para la configuración de su régimen especial (art. 42). También se alude a esta categoría de trabajadores en relación con el visado de residencia y trabajo de temporada, indicando que es el que habilita para trabajar por cuenta ajena hasta nueve meses en un período de doce meses consecutivos. Es decir, por un período distinto al previsto por el reglamento de coordinación europeo del año 1971 [25 bis e)].

1.1.3. Trabajador itinerante

Se refiere a todo trabajador que de manera habitual se desplaza a otro territorio ubicado en un país distinto para ejecutar en él la actividad laboral por períodos breves de tiempo, manteniendo su residencia habitual en el país de origen, al que regresa de manera reiterativa.

Así, se trata de un supuesto en el que el elemento geográfico, es decir, el que hace referencia al cruce de la frontera a otro país para el desarrollo de la actividad, se realiza de manera habitual, al igual que ocurre con el trabajador fronterizo, pero sin que exista una permanencia en un determinado lugar donde se encuentre ubicado el centro de trabajo. De hecho, se trata de una actividad laboral caracterizada por el hecho de que se desarrolla en tránsito y requiere el desplazamiento de los trabajadores a los lugares donde se realiza, sin que necesariamente hayan de corresponderse con territorios fronterizos al lugar de residencia. Sería el caso, por ejemplo, de trabajadores al servicio de empresas de transporte internacional, trabajadores a borde de buques o estructuras marinas o el personal a borde de aeronaves.

1.1.4. Trabajador desplazado

En un contexto de globalización cada vez es mayor el número de empresas que prestan sus servicios en distintos territorios y países, ya sea por razones productivas, organizativas o incluso por la búsqueda de nuevos mercados o de un ahorro en costes laborales. Así, cobra importancia otra de las categorías de trabajadores, la referida a la actividad que se presta en el marco de una prestación de servicios transnacional. El llamado trabajador desplazado.

Es el supuesto en el que un trabajador, ya sea por cuenta ajena o propia, se desplaza de manera temporal para desarrollar la actividad en otro país distinto de aquel en el que se ejerce normalmente. Tanto en el ámbito de los países miembros como de terceros países. No obstante, es preciso tener en cuenta que en la medida en que la libre prestación de servicios y circulación de personas y trabajadores es parte de los pilares en los que se fundamenta la Unión Europea, la posibilidad de ofrecer servicios a posibles clientes en otros Estados sin necesidad de tener que solicitar un visado de residencia temporal y trabajo en el marco de prestaciones transnacionales de servicios, tal y como se verá en el siguiente epígrafe, adquiere mayor relevancia. De hecho, junto con el reglamento de base, el ya señalado 883/2004, existe una regulación específica para regular esta modalidad de prestación de servicios en el ámbito de los países miembros. Es el caso de la Directiva 96/71/CE del Parlamento Europeo y del Consejo, de 16 de diciembre de 1996, sobre el desplazamiento de trabajadores efectuado en el marco de una prestación de servicios, modificado por la Directiva 2018/957 del Parlamento Europeo y del Consejo de 28 de junio de 2018[12].

A efectos conceptuales, el reglamento de base de los países miembros hace referencia a la «persona que ejerza una actividad asalariada en un Estado miembro por cuenta de un empleador que ejerce normalmente en él sus actividades y a la que este empleador envíe para realizar un trabajo por su cuenta en otro Estado miembro» (art. 12.1.). Asimismo, a «la persona que ejerza normalmente una actividad por cuenta propia en un Estado miembro y que vaya a realizar una actividad similar en otro Estado miembro» (art. 12.2.). A modo de ejemplo, un trabajador por cuenta ajena de una empresa española que trabaja habitualmente en España y es trasladado para ejercer dicha actividad de manera temporal en Francia. O, un trabajador que

12. Para mayor abundamiento acerca de este conjunto normativo véase, FOTINOPOULOU BASURKO, O. «La directiva sobre desplazamiento de trabajadores convergencias y divergencias con los reglamentos de coordinación de sistemas de seguridad social europeos». *Revista del Ministerio de Trabajo, Migraciones y Seguridad Social*, núm. 142, 2019, pp. 71-100.

realiza su actividad por cuenta propia en España y se desplaza temporalmente a Francia para ejercer allí la misma o similar actividad.

Luego, no se trata del desplazamiento que una persona realiza a otro país en búsqueda de trabajo, como es el caso del migrante clásico, sino que este desplazamiento se produce en un contexto de movilidad en el empleo y no para el empleo. Además, en el caso del trabajador por cuenta ajena, a instancia de un empleador con el que ya previamente se tiene una relación laboral, para el desarrollo de una prestación de servicios que ha de ejecutarse sin que se produzca la extinción de dicho vínculo. Incluso aunque se lleve a cabo en el marco de una subcontratación internacional, movilidad de mano de obra en grupos de empresas y/o puesta a disposición internacional de trabajadores. Todo ello, con la exclusión de aquellos desplazamientos que se produzcan para desarrollar actividades formativas o cuando se trata de empresas de marina mercante respecto a su personal navegante[13].

Así, se incluye en la categoría de trabajador desplazado a los siguientes supuestos:

- El desplazamiento transnacional de un trabajador a un centro de trabajo de la propia empresa o de otra empresa del grupo del que forme parte[14].
- El desplazamiento de un trabajador por cuenta y bajo la dirección de su empresa, en ejecución de un contrato celebrado entre la misma y el destinatario de la prestación de servicios.
- El desplazamiento de un trabajador por parte de una empresa de trabajo temporal (ETT) para su puesta a disposición de una empresa usuaria, siempre y cuando esta ETT cumpla con los requisitos previstos para ello: estar válidamente constituida y reunir los requisi-

13. Art. 1.3. Directiva 96/71/CE del Parlamento Europeo y del Consejo, de 16 de diciembre de 1996, sobre el desplazamiento de trabajadores efectuado en el marco de una prestación de servicios, modificado por la Directiva 2018/957 del Parlamento Europeo y del Consejo de 28 de junio de 2018 y artículo 2 de la Ley 45/1999, de 29 de noviembre, sobre el desplazamiento de trabajadores en el marco de una prestación de servicios trasnacional.
14. A estos efectos de determinar el concepto de grupo de empresas tómese como referencia lo dispuesto por Ley 10/1997, de 24 de abril, sobre derechos de información y consulta de los trabajadores en las empresas y grupos de empresas de dimensión comunitaria, que la define como en cuenta lo establecido, la normativa establece que se entiende por grupo de empresas al formado por una empresa que ejerce el control sobre el resto. Sobre esta cuestión véase, BLASCO JOVER, C. *Controversias en torno a los grupos de empresas*, Valencia, Tirant lo Blanch, 2021.

tos exigidos en su Estado de establecimiento para poner a disposición, con carácter temporal, de la empresa usuaria a los trabajadores contratados por ella; el contrato de puesta a disposición entre la ETT y la empresa usuaria debe formalizarse por escrito; la ETT debe garantizar a los trabajadores desplazados las condiciones de trabajo previstas en la normativa sobre el desplazamiento de trabajadores en el marco de una prestación transnacional de servicios[15].

Existen una serie de elementos que caracterizan y configuran este supuesto de movilidad, aunque la problemática que se produce en torno a ellos es que en ocasiones las fronteras con otras modalidades no resultan claras y dan lugar a las llamadas «zonas grises», en las que coinciden empresas reales y ficticias, contratas y subcontratas con cesión ilegal de trabajadores o actividades de ETTs, cuya calificación depende de los hechos que se acrediten en cada momento[16]. Estos elementos son[17]:

- Desplazamiento a un país distinto de aquel en el que habitualmente se ejerce la actividad profesional

Este primer elemento coincide con el resto de las categorías de trabajadores enmarcados en el contexto de la movilidad laboral trasnacional pues, como se ha dicho, en todos ellos hay un desplazamiento, aunque no sea físico, hacia otro país para el ejercicio de la actividad. Si bien, con respecto a este supuesto la cuestión radica en determinar qué lugar es el considerado como habitual en el ejercicio de la actividad, a efectos de ser tratado como país de origen.

En el caso de los trabajadores por cuenta ajena, los criterios interpretativos utilizados para la determinación del término «normalmente» de las actividades realizadas por la empresa en un determinado territorio son: el hecho de que tenga trabajadores desarrollando la actividad en el Estado de establecimiento, el lugar en el que se encuentra la sede y la administración de la empresa, el número de miembros del personal administrativo que

15. Capítulo VI de la Ley 14/1999, de 1 de junio por la que se regulan las Empresas de Trabajo Temporal.

16. INSPECCIÓN DE TRABAJO Y SEGURIDAD SOCIAL. *Criterio técnico número 97/2016, sobre el desplazamiento de trabajadores en el marco de una prestación de servicios transnacional.*

17. Reglamento (CE) núm. 987/2009 del Parlamento Europeo y del Consejo, de 16 de septiembre de 2009, por el que se adoptan las normas de aplicación del Reglamento (CE) núm. 883/2004, sobre la coordinación de los sistemas de seguridad social; Decisión núm. A2, de 12 de junio de 2009, relativa a la interpretación del artículo 12 del Reglamento (CE) 883/2004 del Parlamento Europeo y del Consejo, sobre la legislación aplicable a los trabajadores desplazados y a los trabajadores por cuenta propia que trabajen temporalmente fuera del Estado competente (DOC 106, de 24 de abril de 2010).

trabajan en el Estado miembro de establecimiento y en el otro Estado miembro, el lugar de contratación de los trabajadores desplazados, el lugar en el que se celebran la mayoría de los contratos con los clientes, la legislación aplicable a los contratos que la empresa celebra con sus trabajadores y clientes, el volumen de negocios realizado durante un período típico adecuado en cada Estado miembro en cuestión y el número de contratos ejecutados en el Estado de envío.

Este aspecto cobra especial relevancia a los efectos de asegurar que la empresa que desplaza al trabajador realmente tiene una actividad en el Estado de origen —en el ejemplo anterior, España— y no se trata de una cesión ilegal de trabajadores o de una empresa-buzón establecida de manera ficticia con el único objetivo de contratar a trabajadores para desplazarlos a otros Estados y, con ello, obtener ciertas ventajas.

Con respecto al desplazamiento para desarrollar actividades por cuenta propia, el término de normalidad en el ejercicio de la actividad se refiere a una persona que realiza habitualmente actividades sustanciales en el territorio del Estado miembro en el que está establecido. En concreto, debe haber ejercido la actividad durante algún tiempo antes de la fecha en la que desee desplazarse. Además, y dado que se trata de un desplazamiento temporal, durante los períodos de actividad temporal en otro Estado miembro, se deben seguir manteniendo los requisitos necesarios para el ejercicio de la actividad en el Estado de origen, al objeto de poder continuarla a la vuelta.

En cuanto al término «actividad similar en otro Estado miembro» del trabajador por cuenta propia, el criterio utilizado desde la perspectiva de la Seguridad Social para determinar si la actividad que se va a realizar en el otro país es similar a la actividad por cuenta propia ejercida normalmente es la naturaleza real de la actividad. Al margen de la calificación jurídica como trabajo por cuenta propia o ajena que le otorgue el país de destino a efectos estrictamente laborales.

- Desarrollo de la actividad por cuenta propia o vínculo contractual con carácter previo

En el supuesto del trabajador por cuenta ajena, existencia de un vínculo contractual ya existente entre el empleador y el trabajador desplazado. En este caso, la empresa puede desplazar a un trabajador con el que ya se tenga una relación laboral o puede contratar a una nueva persona al solo objeto de llevar a cabo una prestación transnacional. Esto, siempre y cuando el interesado inmediatamente antes de ocupar su puesto de trabajo en el país de envío esté ya sujeto a la legislación del país en el que la empleadora esté establecida, con una relación contractual iniciada como mínimo durante el mes anterior. Para períodos más cortos, es preciso realizar una evaluación caso a caso teniendo en cuenta también el resto de los factores en juego.

El objetivo es la certeza de que, efectivamente, existe un contrato de trabajo celebrado en un país cuyo objeto es el desarrollo de la actividad en otro distinto, en lugar de una contratación realizada directamente en el Estado de envío, ya que en este caso no se trataría de un trabajador desplazado, sino de un trabajador migrante. Es decir, siguiendo el ejemplo anterior, el contrato de trabajo con una empresa española para realizar una prestación transnacional en Francia que se celebra en España y no directamente en el país de destino.

Con respecto a las actividades a realizar por cuenta propia, se establece que la persona debe haber ejercido su actividad durante algún tiempo antes de la fecha de desplazamiento. Para ello, se tendrán en cuenta criterios como el uso de despachos, el pago de impuestos, la titularidad de una tarjeta profesional y de un número de IVA o el registro en cámaras de comercio u organismos profesionales. A estos efectos, este requisito se entiende cumplido si la persona ejerce su actividad durante un mínimo de dos meses antes de la fecha de desplazamiento. Al igual que ocurre con respecto a los trabajadores por cuenta ajena, para períodos más cortos, es preciso realizar una evaluación caso a caso teniendo en cuenta también el resto de los factores en juego.

- Mantenimiento del vínculo contractual entre empresario y trabajador durante el período de desplazamiento (aplicable para trabajadores por cuenta ajena)

A estos efectos, se toman en consideración elementos como la responsabilidad de la contratación, del contrato laboral, de la remuneración (sin perjuicio de los posibles acuerdos entre el empleador en el Estado de envío y la empresa en el Estado de empleo sobre la remuneración de los trabajadores), del despido y de la autoridad para determinar la naturaleza del trabajo.

Este aspecto es importante pues, si en lugar de mantenerse este vínculo laboral se procede a extinguir el contrato de trabajo y celebrar uno nuevo en el Estado de destino, tal y como ocurre con respecto al requisito comentado anteriormente, no nos encontramos ante un supuesto de trabajador desplazado.

- Temporalidad del desplazamiento

La duración máxima del tiempo de desplazamiento viene determinada por los instrumentos de coordinación internacional que resulten de aplicación según los países de origen y destino, en su caso. Aspecto al que se hará mayor referencia en el próximo capítulo, una vez descritos los aspectos generales de estos instrumentos.

Por último, es necesario remarcar que en la medida en que se trata de un desplazamiento motivado por la libre prestación de servicios y no por la libre circulación de trabajadores, son diversos los instrumentos que tienen como finalidad evitar el fraude de ley en torno a su utilización, así como proteger a los trabajadores desplazados en materia de igualdad y no discriminación en el empleo con respecto a los del país de acogida, entre otros aspectos. Cuestión que es tratada en mayor profundidad desde la perspectiva de la legislación de la Seguridad Social, que es objeto de estudio en el segundo capítulo[18].

1.1.5. Trabajador expatriado

En contraste con la subcategoría anterior surge otra nueva cuyo elemento diferencial es el tiempo de movilidad. Es decir, se trata del supuesto en el que el trabajador realiza su actividad profesional en un marco de internacionalización, al igual que en el caso anterior, pero de manera permanente o al menos durante un tiempo que supera los límites de la categoría del trabajador desplazado.

Esta mayor permanencia en el país de acogida pudiera asociarse con el supuesto básico de migración, en el que el trabajador se desplaza a otro país en búsqueda de empleo o para iniciar un nuevo vínculo contractual que no se tenía previamente. Sin embargo, se trata de supuestos distintos pues, en

18. Junto a los instrumentos jurídicos previamente señalados, también regulan este tipo de desplazamientos la Directiva 2014/67/UE del Parlamento Europeo y del Consejo, de 15 de mayo de 2014, relativa a la garantía de cumplimiento de la Directiva 96/71/CE, sobre el desplazamiento de trabajadores efectuado en el marco de una prestación de servicios, y por la que se modifica el Reglamento (UE) n.º 1024/2012 relativo a la cooperación administrativa a través del Sistema de Información del Mercado Interior («Reglamento IMI»); Real Decreto-ley 7/2021, de 27 de abril, de transposición de directivas de la Unión Europea en las materias de competencia, prevención del blanqueo de capitales, entidades de crédito, telecomunicaciones, medidas tributarias, prevención y reparación de daños medioambientales, desplazamiento de trabajadores en la prestación de servicios transnacionales y defensa de los consumidores. Para mayor abundamiento acerca de las problemáticas y garantías laborales en torno a estos desplazamientos véase, LLOVERÁ VILA, M. *El Desplazamiento transnacional de trabajadores. Libre Prestación de servicios, Constitución económica y principio de proporcionalidad,* Valencia, Tirant lo Blanch, 2013; RODRÍGUEZ-PIÑERO Y BRAVO-FERRER. «El desplazamiento temporal de trabajadores y la Directiva 2014/67 relativa a la garantía de cumplimiento de la Directiva 96/71/CEE». *Derecho de las relaciones laborales,* núm. 5, 2016, pp. 407-416.

el caso del trabajador por cuenta ajena expatriado ya existe un vínculo laboral y, de hecho, la movilidad se produce a instancia del empleador *ex* art. 40 del Estatuto de los Trabajadores.

Así, a modo de empleo, sería el caso de empresas constructoras que tras la celebración de un contrato de obra de ingeniería en el extranjero necesitan desplazar a sus trabajadores por un tiempo superior al que la normativa establece para la categoría de trabajador desplazado. Por tanto, el tiempo del desplazamiento es el que determina la categorización como trabajador desplazado o expatriado, con importantes consecuencias desde la perspectiva de Seguridad Social, tal y como se expondrá en el siguiente capítulo.

Además, en esta línea, es conveniente mencionar una práctica que ha venido siendo habitual en la gestión de recursos humanos y que ha dado lugar a otro supuesto específico. Es el denominado «local plus», que consiste en suspender la relación original entre empresa y trabajador y que éste sea contratado por una filial de la empresa en el extranjero en idénticas condiciones que los trabajadores de dicho país.

También, otro supuesto que se asemeja con el del trabajador transfronterizo, en el sentido de que ambos parten del supuesto común de disociación entre Estado de trabajo y domicilio y los continuos desplazamientos entre un lugar y otro motivados exclusivamente por la actividad laboral. Es el caso de los llamados commuters, es decir, aquellos trabajadores que son trasladados de forma permanente por su empresa para trabajar en el extranjero, pero que vuelven los fines de semanas o de manera muy frecuente al lugar de origen, incluso con días de descanso acumulados que son pactados con la empresa, precisamente para facilitar estos retornos. Si bien, la diferencia con los transfronterizos es que éstos son quienes optan por buscar trabajo en un lugar distinto al de su país de residencia, asumiendo las desventajas o costes de esta movilidad, mientras que en el de los commuters se trata de una movilidad que forma parte del objeto del contrato. Así, este supuesto se encuentra a medio camino entre la figura del trabajador transfronterizo, que continuamente cruza la frontera para trabajar y volver a su domicilio, y el trabajador desplazado, que realiza la actividad en el extranjero a instancia del empleador, aunque de manera temporal.

En cualquier caso y, aunque materialmente el caso de los trabajadores migrantes y expatriados sea totalmente distinto, a efectos de Seguridad Social, que es lo que en esta obra interesa, son tratados de igual modo y con mismos efectos jurídicos.

1.1.6. Teletrabajador transfronterizo y nomadismo digital

El teletrabajo hace referencia a una forma de desarrollar la actividad laboral propia de la revolución digital y tecnológica que desde hace unos años se viene produciendo, cuyos efectos también alcanzan al ámbito de las relaciones laborales y las formas de organización y desarrollo de la actividad.

El Acuerdo Marco Europeo sobre Teletrabajo, suscrito por los interlocutores sociales europeos con fecha 16 de julio de 2002 y revisado en 2009, define el teletrabajo como «una forma de organización o de realización del trabajo utilizando las tecnologías de la información, en el marco de un contrato o de una relación laboral, en la que un trabajo que también habría podido realizarse en los locales de la empresa, se ejecuta habitualmente fuera de estos». Es decir, contempla el teletrabajo tan sólo en el ámbito de aquellas relaciones propiamente laborales, por ser desarrolladas en términos de ajenidad y dependencia.

Por su parte, la Ley 10/2021, de 9 de julio, de trabajo a distancia lo define como «aquel trabajo a distancia que se lleva a cabo mediante el uso exclusivo o prevalente de medios y sistemas informáticos, telemáticos y de telecomunicación». Esto, teniendo en cuenta que el trabajo a distancia es definido como la «forma de organización del trabajo o de realización de la actividad laboral conforme a la cual esta se presta en el domicilio de la persona trabajadora o en el lugar elegido por esta, durante toda su jornada o parte de ella, con carácter regular». Además, el trabajo presencial queda configurado como «aquel trabajo que se presta en el centro de trabajo o en el lugar determinado por la empresa» (art. 2). Luego, el teletrabajo es configurado como una subespecie del trabajo a distancia.

En esta línea, el reciente Acuerdo marco relativo a la aplicación del apartado 1 del artículo 16 del Reglamento (CE) núm. 883/2004 en los casos de teletrabajo transfronterizo habitual, con entrada en vigor el 1 de julio de 2023, lo define como la «actividad que pueda ejercerse desde cualquier lugar y que podría realizarse en los locales o en el domicilio del empleador y que se lleva a cabo en uno o varios Estados miembros distintos de aquel en el que están situados los locales o el domicilio del empresario, y se basa en las tecnologías de la información para permanecer conectado con el entorno de trabajo del empleador o de la empresa, así como con los interesados/clientes, a fin de cumplir las tareas que el empleador o los clientes asignen al trabajador, en el caso de los trabajadores por cuenta propia» [art. 1.c)]. Además, configura esta modalidad de trabajo con el término teletrabajo transfronterizo. Es decir, con una denominación distinta a la utilizada por el ordenamiento interno en la Ley 28/2022, de 21 de diciembre, de fomento del ecosistema de las empresas emergentes —también llamada Ley de Startups— a tenor de los visados de trabajo y residencia en España, que habla de teletrabajador internacional, tal y como se verá en el siguiente epígrafe. En cualquier caso, el supuesto de hecho de uno y otro coincide.

En definitiva, distintas definiciones cuyo denominador común es que todas se articulan en torno a una serie de elementos comunes que permiten tanto delimitar conceptualmente esta forma de trabajo como distinguir diversas modalidades. Estos elementos son[19]:

- Elemento cualitativo o tecnológico

Hace referencia al uso de las herramientas digitales y tecnológicas (internet, *software* de colaboración en línea, dispositivos móviles que permiten trabajar y estar conectado con clientes, compañeros de trabajo, colaboradores, entre otros) como instrumento para ejecutar la actividad.

- Elemento cuantitativo

Este requisito hace referencia a la habitualidad en el uso de estas herramientas tecnológicas desde un lugar distinto al centro de trabajo. O, dicho de otro modo, a la exigencia de que no se trate de un uso puntual o residual. Luego, la cuestión radica en determinar qué cabe entender por habitualidad a estos efectos o cómo se determina el *quantum* del uso de esta tecnología con respecto a la totalidad del ejercicio de la actividad laboral.

19. MARTÍN POZUELO LÓPEZ, A. *El teletrabajo trasnacional en la Unión Europea. Competencia internacional y ley aplicable,* Valencia, Tirant lo Blanch, 2022, p. 30. Esta autora propone la inclusión de otro elemento en la delimitación de la actividad ejercida en régimen de teletrabajo. Concretamente, menciona un elemento personal relacionado, por un lado, con el hecho de que se trata de una actividad que ha de ser ejercida por una persona física y, por otro, con la naturaleza de la actividad como laboral o por cuenta propia. A este respecto, existe división doctrinal ya que hay quien defiende que el teletrabajo permite la inclusión de cualquier tipo de relación profesional, incluso las de carácter mercantil o civil desarrolladas de manera autónoma e independiente, mientras que otra posición contempla el teletrabajo tan sólo para los trabajadores en régimen de ajenidad y dependencia. Es el caso de ESCUDERO RODRÍGUEZ, R. «Teletrabajo», en AAVV. *Descentralización productiva y nuevas formas organizativas del trabajo: X Congreso Nacional de Derecho del Trabajo y de la Seguridad Social, Zaragoza, 28 y 29 de mayo de 1999,* 2000, pp. 761-872; MARTÍN POZUELO LÓPEZ, A. *El teletrabajo trasnacional en la Unión Europea...ob. cit.* p. 30 para la primera postura y PÉREZ DE LOS COBOS, F. y THIBAULT. ARANDA, J. *El teletrabajo en España. Perspectiva jurídico laboral, Ministerio de Trabajo y Asuntos Sociales, Madrid,* 2001, para la segunda.

La normativa interna, la Ley 10/2021, de 9 de julio, de trabajo a distancia, aborda este aspecto en relación con la jornada de trabajo. Concretamente, considera que el trabajo a distancia es desarrollado con carácter regular cuando se presta al menos el treinta por ciento de la jornada en un período de referencia de tres meses. Por tanto, no exige el uso exclusivo de las TIC para la catalogación de la actividad en régimen de teletrabajo. Si bien, no debe olvidarse que se trata de una definición a escala nacional.

Pues bien, atendiendo a este elemento cuantitativo es posible distinguir diversos tipos de teletrabajo[20]:

– Teletrabajo puntual. Es el que se realiza de manera puntual, ante determinadas circunstancias o fechas, a solicitud del trabajador. Es decir, es el supuesto en el que a pesar de que la actividad se desarrolla principalmente de manera presencial, la empresa permite a los trabajadores solicitar el teletrabajo un número de días al año. Bien ante determinadas circunstancias personales que impidan al trabajador desplazarse al centro de trabajo o impliquen la necesidad de permanecer en el domicilio —para el cuidado de un familiar, reparaciones en el domicilio, etc.—, ante determinadas fechas o períodos vacacionales —navidad, semana santa, verano, ya sea por razones de conciliación laboral y familiar o por prolongar la estancia en una residencia de verano (el llamado teleworkation), entre otros motivos— o para permitir el ahorro en desplazamientos.

– Teletrabajo híbrido. Es el que hace referencia a un tipo de trabajo flexible en el que se compagina la realización de esta actividad telemática desde el domicilio del trabajador durante unos días a la semana, junto con la asistencia presencial al centro de trabajo. Asimismo, en semanas alternas. Es decir, a modo de ejemplo, con una semana constante de teletrabajo desde el domicilio del trabajador en alternancia con otra semana de trabajo en el centro de trabajo.

Esta modalidad de teletrabajo es la más habitual ya que, por un parte, a muchas empresas les permite reducir costes relacionados con el espacio de trabajo —alquiler, electricidad, entre otros— y, por otra, los teletrabajadores pueden ahorrar tiempo y costes derivados del desplazamiento al lugar de trabajo. Incluso relacionados con el coste de vida de determinados lugares, al facilitarse la posibilidad de trasladar la residencia a otras zonas más económicas. Por ejemplo, a zonas rurales o vaciadas en las que el coste de la vivienda es mucho menor.

---

20. Véase, CARRASCOSA BERMEJO, D. «Seguridad Social en el teletrabajo internacional postpandémico y en el caso específico del nomadismo digital». *Revista Labos*, núm. 1, vol. 4, 2023, p. 66.

- Elemento espacial

Implica que la prestación laboral se realice fuera del centro de trabajo o locales de la empresa en la que habitualmente se prestan los servicios. Es decir, se desvirtúa el propio concepto clásico de lugar de trabajo tomado como referencia para valorar la existencia de una de las notas de laboralidad, la dependencia. En el caso del teletrabajo de los trabajadores por cuenta propia la referencia a este elemento espacial se toma con respecto al centro de interés de sus actividades.

De esta manera, este elemento espacial de deslocalización hace referencia a la posibilidad de que la actividad laboral sea ejecutada desde cualquier lugar y parte del mundo, tanto a nivel nacional como internacional. Normalmente desde el domicilio del trabajador.

Es importante mencionar que la determinación del lugar de trabajo resulta fundamental a efectos de determinar el régimen jurídico que resulta aplicable. Especialmente en materia de Seguridad Social, tal y como se verá en el próximo capítulo. De hecho. la propia Ley 10/2021 de trabajo a distancia contempla la determinación del lugar desde el que la actividad se va a desarrollar como parte del contenido mínimo obligatorio del acuerdo de trabajo a distancia (art. 7.f). Ello, a pesar de la dificultad que en ocasiones pueda implicar pues, el teletrabajo no necesariamente se asocia a un único lugar de ejecución.

Pues bien, a los efectos de esta obra, es vital determinar si ambos lugares, el de ejecución de la actividad por parte del trabajador y el del centro de trabajo o sede de la empresa coinciden territorialmente en el mismo Estado. Esto, debido a que si ambos coinciden en un mismo país se trata de un supuesto de teletrabajo nacional, al margen de la nacionalidad del trabajador, pero si uno de ellos se encuentra en un territorio distinto ubicado en el extranjero, nos encontramos ante una actividad transnacional, cuyo régimen jurídico difiere respecto del caso nacional. Por tanto, el elemento definitorio de una y otra situación no es la nacionalidad del trabajador sino los lugares de residencia y desarrollo de la actividad.

Es preciso tener en consideración que esta posibilidad de realizar el trabajo desde cualquier parte del mundo no está exenta de problemáticas de tipo práctico para las empresas, principalmente relacionadas con la incertidumbre que puede suscitar desde la perspectiva de la Seguridad Social, las condiciones laborales, el régimen fiscal o la legislación de extranjería, entre otros aspectos, por lo que puede ocurrir que muchas de ellas denieguen el teletrabajo transfronterizo para evitarlas.

De hecho, hay empresas que tan sólo permiten esta posibilidad por un tiempo limitado no superior al tiempo máximo de la situación de estancia o si la solicitud es para teletrabajar desde un país en el que la empresa tiene una filial. Esto, en el caso de que el trabajador informe al empresario acerca de esta posibilidad pues, en la práctica, puede ocurrir que el empresario no tenga conocimiento exacto del lugar desde el que el teletrabajador desarrolla la actividad, ya que por razones de privacidad no es posible utilizar medios para controlar y vigilar el lugar exacto y la IP desde la que el trabajador teletrabaja. Se trataría de una medida que no se ajusta a los estándares de idoneidad, necesidad y proporcionalidad exigidos desde la perspectiva del derecho a la intimidad y protección de datos y que el empresario está obligado a cumplir[21].

No obstante, no cabe duda de que esta forma de trabajo se encuentra en pleno auge y expansión. Especialmente tras la pandemia de la covid-19, que aceleró aún más la implantación del teletrabajo de manera generalizada. Otros factores que han contribuido a aumentar esta nueva forma de trabajo son la armonización de las titulaciones oficiales; el abaratamiento de las redes de comunicaciones; la existencia de un lenguaje técnico común entre países; el hecho de que determinados territorios se han especializado en la prestación de determinados servicios; los diferentes costes de vida y salarios entre territorios, que pueden hacer que para una empresa resulte más rentable establecer una filial en un país con menor coste o directamente contratar a trabajadores que se encuentren ubicados en dichos países para que trabajen de manera telemática, entre otros.

Además, esta expansión del teletrabajo ha dado lugar al surgimiento de un nuevo estilo de vida denominado nomadismo digital o teleworkation, protagonizado por personas cuyos empleos permiten trabajar en remoto y cambiar de residencia frecuentemente, compatibilizando el trabajo de alta cualificación con el turismo inmersivo en el país de residencia. Es más, existen datos que indican que el número de nómadas digitales con trabajos regulares creció de 6,3 millones en 2020 a 10,2 millones en 2021[22].

21. Directiva (UE) 2016/680 del parlamento europeo y del consejo, de 27 de abril de 2016, relativa a la protección de las personas físicas en lo que respecta al tratamiento de datos personales por parte de las autoridades competentes para fines de prevención, investigación, detección o enjuiciamiento de infracciones penales o de ejecución de sanciones penales, y a la libre circulación de dichos datos. En el caso español, la Ley Orgánica 3/2018, de 5 de diciembre, de Protección de Datos Personales y garantía de los derechos digitales y Ley 10/2021, de 9 de julio, de trabajo a distancia (art. 17).

22. MARTIN GALLARDO, A. *Estadísticas y tendencias sobre nómadas digitales*, 2023. Disponible en: Passport Photo Online. Disponible en: https://passport-photo.online/es-es/blog/estadisticas-nomadas-digitales/ Consultado: 12 de junio de 2023.

En cuanto al perfil de estos nómadas digitales, estos mismos datos indican que son personas trabajadoras, principalmente hombres (59%), de la generación «millenial» (44%), con buena formación (el 72% tiene una licenciatura y el 33% un máster), que mayoritariamente trabajan por cuenta propia para diferentes empresas (36% con tendencia al alza). Otros son dueños de su propia empresa (33%), consultores (5%) y solo un 21% son empleados de una única empresa para la que trabajan a tiempo completo. Además, el 71% de ellos trabajan a tiempo completo frente al 29% que lo hace a tiempo parcial.

Los sectores en los que trabajan son la informática (19%), servicios creativos (10%), educación y formación (9%), consultoría, coaching e investigación (8%), ventas, marketing y relaciones públicas o finanzas y contabilidad (8%). Sus ingresos medios mensuales ascienden a una media de 4.500 dólares.

En lo que respecta a los principales destinos elegidos por este perfil de trabajadores se encuentra Indonesia, que es el destino favorito, junto con México, Tailandia, Colombia, Portugal y España. Los motivos tenidos en cuenta para estas elecciones son la calidad de la red de internet, el buen clima, el bajo coste de la vida, la facilidad para obtener un visado o las propias atracciones del destino. En cuanto al tiempo de movilidad, suelen visitar anualmente entre tres o cinco destinos, con un tiempo medio de permanencia en cada uno de ellos de entre uno y tres meses (65%), de 3 a 6 meses (14%), de más de un año (11%) y de entre 6 y 12 meses (10%).

España despunta en el panorama europeo como un país con importantes activos para la atracción de profesionales altamente cualificados que deciden desarrollar su actividad por cuenta propia o ajena desde nuestro país a través de estas herramientas tecnológicas. Algunos de los factores que explican este fenómeno son, entre otros, el hecho de que es el primer país en despliegue de fibra óptica dentro de la Unión Europea, así como otros aspectos más subjetivos ligados al estilo de vida, la seguridad ciudadana, la cultura, la gastronomía o la climatología de nuestro país, que atrae a trabajadores extranjeros.

Es un hecho que la atracción de este perfil de trabajadores genera numerosos efectos positivos de diversa índole, entre los que se incluye el enriquecimiento del talento local, con la generación de redes y mayores oportunidades de trabajo con otros profesionales. Asimismo, de la propia economía local, a través de sus altos ingresos económicos, que son destinados a vivir en el país en el que desarrollan su actividad. De hecho, son distintos los programas de fomento y captación de este talento llevados a cabo en los países de nuestro entorno que incluyen medidas como beneficios fiscales para los emprendedores, trabajadores e inversores; reducción de trabas administrativas y facilitación de visados; y flexibilidad en la gestión de la empresa y en la aplicación de los principios mercantiles y concursales[23].

En lo referente a España, ya la Ley 14/2013, de 27 de septiembre, de apoyo a los emprendedores y su internacionalización, señaló al fomento de la internacionalización de la economía española como una estrategia a seguir para la mejora de la competitividad y la maximización de la contribución del sector exterior al crecimiento y la creación de empleo. Objetivo que es concretado en el Plan Estratégico de Internacionalización de la Economía Española 2017-2027.

Además, en esta línea, la Ley 28/2022, de 21 de diciembre, de fomento del ecosistema de las empresas emergentes, impulsa instrumentos públicos de apoyo al ecosistema de empresas emergentes y favorece el establecimiento en España de los emprendedores y trabajadores de este tipo de empresas, así como de los trabajadores a distancia de todo tipo de sectores y empresas. Entre otros, a través del establecimiento de un visado para el teletrabajo de carácter internacional o la posibilidad de darse de alta en la Seguridad Social durante los primeros seis meses de residencia o estancia con el pasaporte como documento acreditativo. Aspectos a los que se hará mayor referencia en el siguiente epígrafe.

2. RÉGIMEN JURÍDICO EN MATERIA DE EXTRANJERÍA. ASPECTOS GENERALES

Como punto de partida es preciso tener en consideración que toda persona tiene derecho al trabajo, a la libre elección de oficio, a condiciones equitativas de trabajo y a igual salario por trabajo de igual valor[24]. Igualmente, a desplazarse en el contexto internacional para desarrollar la actividad profesional en otro país, aunque no de manera absoluta, ya que las legislaciones nacionales limitan y controlan este flujo de trabajadores a través de las normas de extranjería.

Según estas normas, los trabajadores que pretendan trabajar en el extranjero han de cumplir con unos requisitos de entrada y permanencia relacionada con el trabajo. Esto, teniendo en cuenta que distinta es la situación del trabajador que se desplaza al extranjero para trabajar por un corto período de tiempo del que lo hace con fines de permanencia pues, ni todas

23. Acerca de los visados para nómadas en la Unión Europea véase, SIERRA BENITEZ, E. M. «La protección social en la encrucijada. La expansión del trabajo remoto y la recepción en Europa de los nómadas digitales». *Revista Internacional de la Protección Social*, vol. 6, núm. 2, 2021, pp. 8-18.
24. DECLARACIÓN UNIVERSAL DE DERECHOS HUMANOS, 1948, art. 23.

las formas de movilidad implican un cambio de residencia habitual, ni en caso de producirse necesariamente tiene que ser de forma definitiva. Luego, uno de los aspectos a tener en consideración desde la perspectiva de la legislación de extranjería es la distinción entre la situación de estancia y residencia en otro país. Esto, atendiendo a que el término residencia hace referencia a «toda permanencia de una persona en un determinado lugar, con vocación de prolongar, al menos durante un tiempo significativo, su presencia en dicho lugar»[25], mientras que el de estancia lo hace a un período temporal de máximo tres meses.

Además, cabe señalar que el régimen jurídico a aplicar para estas autorizaciones de estancia o residencia, a su vez, viene determinado por el origen y nacionalidad del extranjero y el país en el que se pretende desarrollar la actividad profesional, con una condición privilegiada para los ciudadanos de los Estados miembros con respecto a los de países terceros. Esto debido a que, como ya se ha dicho, uno de los pilares que articula el espíritu de la Unión Europea es la libertad de circulación de personas y trabajadores.

Así, resulta conveniente exponer brevemente y sin ánimo de exhaustividad, pues no constituye el objeto principal de este trabajo, las situaciones administrativas relacionadas con la esfera laboral —las de tipo lucrativo— atendiendo a las diferentes casuísticas.

En el caso de que la movilidad laboral se realice en el contexto de los países miembros, es decir, desde y hacia uno de estos países, la normativa establece la libre entrada al territorio sin necesidad de autorización alguna o acreditación del motivo del desplazamiento —turismo, estudios o cualquier otro—, pudiendo permanecer en él hasta un período no superior a tres meses sin más requisitos formales que la tenencia de un documento identificativo —la única limitación a esta libertad deambulatoria es por razones de orden público, seguridad o salud pública—. A partir de este período máximo se tiene derecho de residencia, pero sólo ante una serie de supuestos entre los que se incluye el de ser trabajador en el país de acogida, ya sea por cuenta propia o por cuenta ajena[26].

25. BELTRAN AGUIRRE, J. L. «El requisito de "residencia" exigido a los extranjeros para el acceso a prestaciones y servicios públicos: su alcance a la luz de la doctrina del TC». *Revista Aranzadi Doctrinal,* núm. 11, 2015, p. 99.

26. Directiva 2004/38 CE, de 29 de abril, relativa al derecho de los ciudadanos de la Unión y de los miembros de sus familias a circular y residir libremente en el territorio de los Estados miembros; RD 240/2007, de 16 de febrero, sobre entrada, libre circulación y residencia en España de ciudadanos de los Estados miembros de la Unión Europea y de otros Estados parte en el Acuerdo sobre el Espacio Económico Europeo. En el

Pues bien, en el caso de los extranjeros extraeuropeos que se trasladen a trabajar a alguno de los países miembros y viceversa, incluso la propia entrada al territorio ya se encuentra condicionada por una serie de requisitos como: realizar la entrada por los puestos habilitados para ello y con documentación identificativa válida para tal fin; no estar sujeto a ninguna prohibición expresa de entrada; no suponer un riesgo para la seguridad nacional, orden público, relaciones internacionales o salud pública; aportación, en su caso, de documento sanitario o realización de reconocimiento médico en la frontera; estar en posesión de un visado, ya sea de estancia —habilita para una estancia ininterrumpida o estancias sucesivas por un período o suma de períodos cuya duración total no exceda de tres meses por semestre a partir de la fecha de la primera entrada—; de residencia y trabajo; de residencia y trabajo de temporada; de residencia temporal y trabajo en el marco de prestaciones transnacionales de servicios; autorización para trabajadores transfronterizos; permiso de residencia temporal y trabajo de mujeres extranjeras víctimas de violencia de género o de violencias sexuales; autorización inicial de residencia y trabajo mediante tramitación colectiva de contratos en origen para un período determinado; visado por razones de interés económico que, a su vez, se subdivide en varias categorías como la de inversores; emprendedores; profesionales altamente cualificados; formación, investigación, desarrollo e innovación; trabajadores que efectúan movimientos intraempresariales y teletrabajadores de carácter internacional[27].

2.1. VISADOS CLÁSICOS PREVISTOS EN LA LOEX

El visado de residencia y trabajo es el que habilita para la entrada y estancia por un período máximo de tres meses y para el comienzo, en ese

mismo sentido, el Acuerdo de Schengen sobre libertad de circulación entre los paísesintegrantes del mismo, estipula esta libertad deambulatoria entre en los siguientes países: Alemania, Austria, Bélgica, Croacia, Dinamarca, Eslovenia, España, Estonia, Finlandia, Francia, Grecia, Hungría, Islandia, Italia, Letonia, Liechtenstein, Lituania, Luxemburgo, Malta, Noruega, Países Bajos, Polonia, Portugal, República Checa, República Eslovaca, Suecia y Suiza. Véase, https://www.interior.gob.es/opencms/es/servicios-al-ciudadano/tramites-y-gestiones/extranjeria/acuerdo-de-schengen/ Consultado: 20 de marzo de 2023. Para mayor abundamiento acerca del estatus privilegiado de los ciudadanos de países miembros a efectos de movilidad y permanencia en otro territorio véase, CALVO CÁDIZ, E. «Libre circulación y residencia de los ciudadanos de la Unión: diez años después de la Directiva 2004/38 y siete después del Real Decreto 240/2007». *Revista del Ministerio de Empleo y Seguridad Social,* núm. 110, 2014, pp. 223-237.

27. Título II de la LOex. y Reglamento 557/2011, de 20 de abril, por el que se aprueba el Reglamento de la Ley Orgánica 4/2000, sobre derechos y libertades de los extranjeros en España y su integración social —RDLOex— y Ley 14/2013, de 27 de septiembre, de apoyo a los emprendedores y su internacionalización.

plazo, de la actividad laboral o profesional para la que ha sido autorizado. Es decir, la eficacia de la autorización de residencia queda condicionada a que en dicho tiempo se produzca el alta del trabajador en la Seguridad Social como trabajador por cuenta propia o ajena. En caso contrario, el trabajador queda obligado a salir del territorio nacional. Esto, teniendo en cuenta que la vigencia del visado es por tiempo superior a noventa días e inferior a cinco años, con una validez inicial máxima de un año.

Por su parte, el visado de residencia y trabajo de temporada es el que habilita para trabajar por cuenta ajena hasta nueve meses en un período de doce meses consecutivos cuya validez, al igual que en el caso anterior, queda supeditada al alta del trabajador en la Seguridad Social. En este caso, en el plazo de un mes desde la entrada en el territorio español.

La autorización para trabajadores transfronterizos es la que habilita para desarrollar actividades lucrativas, laborales o profesionales por cuenta propia o ajena en las zonas fronterizas del territorio español, cuando se reside en la zona fronteriza de un Estado limítrofe al que se regresa diariamente. Aunque tan sólo habilita para trabajar en el ámbito de la Comunidad o Ciudad Autónoma en cuya zona limítrofe resida el trabajador y en una ocupación o sector de actividad. Además, por una duración mínima de tres meses y máxima de un año supeditada, a su vez, al alta del trabajador en la Seguridad Social en el plazo de un mes desde la fecha de notificación de la resolución por la que se conceda tal autorización.

Lo anterior, siempre y cuando se cumpla con los requisitos para ser considerado trabajador transfronterizo pues, tal y como ya se indicó en el epígrafe anterior, los elementos conceptuales de tal calificación difieren de los tenidos en cuenta con respecto al trabajador fronterizo, tanto en referencia a la habitualidad del regreso al domicilio como a su ubicación en zona fronteriza. En este caso, en un sentido más restrictivo pues se exige que el lugar de residencia se encuentre ubicado en una zona fronteriza y además que el regreso al domicilio se produzca con carácter diario y no mínimo semanal.

Con respecto al permiso de residencia temporal y trabajo en el marco de prestaciones transnacionales de servicios, es preciso hacer mención de que la exigencia de este permiso sólo se da en los casos de trabajadores no comunitarios desplazados por empresas no pertenecientes a los países miembros, pero autorizadas a trabajar en España. Esto, debido a que los trabajadores de países terceros que cuenten con autorización para trabajar en un Estado miembro en el que la empresa prestadora de servicios los tenga en plantilla o los haya contratado no necesitan autorización para trabajar en España, siempre que su actividad se realice en esta categoría de trabajador desplazado[28].

Concretamente, la normativa establece que se encuentra en esta situación de residencia temporal y trabajo en el marco de una prestación transnacional de servicios, el trabajador extranjero que se desplace a un centro de trabajo en España y dependa, mediante expresa relación laboral, de una empresa establecida en un Estado no perteneciente a la UE ni EEE, en los siguientes supuestos:

- Si el desplazamiento se produce a centros de trabajo en España de la misma empresa o de otra empresa del grupo de que ésta forme parte.
- Si el desplazamiento temporal se produce por cuenta y bajo la dirección de la empresa extranjera en ejecución de un contrato celebrado entre ésta y el destinatario de la prestación de servicios que esté establecido o que ejerza su actividad en España.
- Si es un desplazamiento de trabajadores altamente cualificados que tiene por objeto la supervisión o asesoramiento de obras o servicios que empresas radicadas en España vayan a realizar en el exterior.

Además, se establece que esta autorización de residencia y trabajo se limitará a una ocupación y ámbito territorial concretos, con una duración máxima de un año. Límite temporal que, como se verá, no coincide con los plazos máximos previstos por los instrumentos de coordinación en materia de Seguridad Social, tanto del ámbito de los países miembros como de los extraeuropeos.

Igualmente, se declaran expresamente excluidos de este tipo de autorización los desplazamientos realizados con motivo del desarrollo de actividades formativas en los dos últimos supuestos mencionados, así como los del personal navegante respecto de las empresas de la marina mercante.

2.2. VISADOS POR RAZONES DE INTERÉS ECONÓMICO

Junto a las diversas modalidades de autorización para trabajar en territorio español descritas y reguladas en la LOex, es preciso mencionar otras fórmulas migratorias para la captación del talento extranjero introducidas por la Ley 14/2013, de 27 de septiembre, de apoyo a los emprendedores y su internacionalización —modificada por el Real Decreto-ley 11/2018, de 31

28. MINISTERIO DE EMPLEO Y SEGURIDAD SOCIAL. *Criterio técnico número 97/2016, sobre el desplazamiento de trabajadores*...ob. cit.

de agosto, de transposición de directivas en materia de protección de los compromisos por pensiones con los trabajadores, prevención del blanqueo de capitales y requisitos de entrada y residencia de nacionales de países terceros y por el que se modifica la Ley 39/2015, de 1 de octubre, del Procedimiento Administrativo Común de las Administraciones Públicas—, la Ley 28/2022, de 21 de diciembre, de fomento del ecosistema de las empresas emergentes —también llamada Ley de Startups— y la Ley 11/2023, de 8 de mayo, de trasposición de Directivas de la Unión Europea en materia de accesibilidad de determinados productos y servicios, migración de personas altamente cualificadas, tributaria y digitalización de actuaciones notariales y registrales y por la que se modifica la Ley 12/2011, de 27 de mayo, sobre responsabilidad civil por daños nucleares o producidos por materiales radiactivos, cuya finalidad es facilitar la entrada y residencia de determinados perfiles de trabajadores extranjeros que no gozan de los derechos de libre circulación equivalentes a los ciudadanos de la Unión con base en acuerdos entre la Unión Europea y los Estados miembros, por una parte, y terceros países, por otra. Incluso con una nueva categoría de visado de residencia y trabajo para quienes decidan trabajar en España mediante herramientas tecnológicas, tanto de manera itinerante como estable.

De este modo, según la nueva redacción de esta ley de 2013 tras dichas modificaciones, el visado de entrada y permanencia en España por razones de interés económico permite a los extranjeros que se propongan entrar o residir o que ya residan en España, ver facilitada su entrada y permanencia en territorio español por un período máximo de tres años renovable por otro de dos años —a solicitar durante los sesenta días previos a la finalización del período inicial—, tras el que pueden obtener la condición de residente permanente. Todo ello, cuando se acredite ser[29]:

29. Art. 61 y ss. de la Ley 14/2013, de 27 de septiembre, de apoyo a los emprendedores y su internacionalización tras su modificación por el artículo tercero del Real Decreto-ley 11/2018, de 31 de agosto, de transposición de directivas en materia de protección de los compromisos por pensiones con los trabajadores, prevención del blanqueo de capitales y requisitos de entrada y residencia de nacionales de países terceros y por el que se modifica la Ley 39/2015, de 1 de octubre, del Procedimiento Administrativo Común de las Administraciones Públicas y la disposición final quinta de la Ley 28/2022, de 21 de diciembre, de fomento del ecosistema de las empresas emergentes y el artículo 32.5 de la Ley 11/2023, de 8 de mayo, de trasposición de Directivas de la Unión Europea en materia de accesibilidad de determinados productos y servicios, migración de personas altamente cualificadas, tributaria y digitalización de actuaciones notariales y registrales; y por la que se modifica la Ley 12/2011, de 27 de mayo, respectivamente.

A) Inversor

Esta autorización de estancia o incluso residencia para inversores es la prevista para aquellos extranjeros que deseen entrar o residir en España para estos fines.

B) Emprendedor

Se entiende como tales a quienes desarrollan una actividad con carácter innovador y/o con especial interés económico para España y a tal efecto cuente con un informe favorable emitido por ENISA. Una vez obtenida esta autorización ya puede solicitarse el visado de residencia. Esto, teniendo en cuenta que para la valoración de la actividad emprendedora y empresarial se valoran:

- El perfil profesional del solicitante y su implicación en el proyecto. Si son varios socios, se evalúa la participación de cada uno de ellos, tanto de los que solicitan un visado o autorización como de los que no lo requieren.
- El plan de negocio, que engloba una descripción del proyecto, del producto o servicio que desarrolla y su financiación.
- Los elementos que generen el valor añadido para la economía española, la innovación u oportunidades de inversión.

C) Profesional altamente cualificado

Se puede solicitar esta autorización de residencia para profesionales altamente cualificados cuando una empresa requiera la incorporación en territorio español de un profesional extranjero para el desarrollo de una relación laboral o profesional de alta cualificación. Puede ser presentada tanto por la empresa como por el trabajador y tiene dos modalidades, según el nivel de cualificación o experiencia profesional requerida:

- Autorización de residencia para profesionales altamente cualificados titulares de una Tarjeta azul-UE. Para trabajadores extranjeros que vayan a desempeñar una actividad para la que se requiere una cualificación derivada de una formación de enseñanza superior de duración mínima de tres años y equivalente al menos al Nivel 2 del Marco Español de Cualificaciones para la Educación Superior, correspondiente con el nivel 6 del Marco Español de Cualificaciones para el Aprendizaje Permanente y mismo nivel del Marco Europeo de Cualificaciones (EQF), o acrediten un mínimo de cinco años de experiencia profesional equiparable a dicha cualificación y que sea pertinente para la profesión o sector especificado en el contrato de trabajo o en la oferta firme de empleo. Esto, con la salvedad de los profesionales y directores de tecnología de la información y las comunicaciones, a los que se les reduce este período de experiencia mínima. Concretamente, se les exigen tres años comprendidos en los siete anteriores a la solicitud de la Tarjeta azul-UE.

- Autorización de residencia nacional para profesionales altamente cualificados. En este caso el nivel de cualificación requerido es de al menos el nivel 1 del Marco Español de Cualificaciones para la Educación Superior, correspondiente con el nivel 5A del Marco Español de Cualificaciones para el Aprendizaje Permanente, o conocimientos, capacidades y competencias avaladas por una experiencia profesional de al menos tres años.

D) Formación, Investigación, desarrollo e innovación

Este visado de formación, investigación, desarrollo e innovación está previsto para aquellos extranjeros que deseen entrar en España o que, siendo ya titulares de una autorización de estancia y residencia, deseen realizar actividades de formación, investigación, desarrollo e innovación en entidades públicas o privadas. Esto, en el caso de los siguientes perfiles profesionales:

- Personal investigador, entendido como el personal docente e investigador entre cuyas funciones se encuentre la de llevar a cabo actividades investigadoras con vinculación a una Universidad pública, privada o católica, así como a un organismo para el que preste servicios mediante una relación sujeta al derecho administrativo o al derecho laboral.

- Personal científico y técnico que lleve a cabo trabajos de investigación científica, desarrollo e innovación tecnológica en entidades empresariales o centros de I+D+i establecidos en España.

- Investigadores acogidos en el marco de un convenio por organismos de investigación públicos o privados.

- Profesores contratados por universidades, órganos o centros de educación superior e investigación o escuelas de negocios establecidos en España.

En cuanto a sus modalidades, se distinguen:

- Autorización de residencia para investigación UE. Se aplica para el caso de los extranjeros descritos en el párrafo anterior, que sean titulares de un doctorado o de una cualificación de educación superior adecuada que le permita acceder a programas de doctorado y hayan sido seleccionados por la entidad de investigación con el fin de realizar una actividad investigadora.

- Autorización de residencia para investigación nacional. Se aplica para el resto de los supuestos que no cumplan con el requisito anterior.

El período de validez de esta autorización de residencia para investigación es de dos años o igual a la duración del convenio de acogida o contrato, en caso de ser inferior, pudiendo ser prorrogada por periodos sucesivos de dos años siempre y cuando se mantengan las condiciones que generaron la autorización inicial.

E) Trabajador que efectúe movimientos intraempresariales

Se trata de un visado previsto para la movilidad colectiva intraempresarial entre empresas del mismo grupo, a solicitar por la empresa. Así, los extranjeros que se desplacen a España en el marco de una relación laboral, profesional o por motivos de formación profesional, con una empresa o grupo de empresas establecida en España o en otro país deben solicitar este visado de acuerdo con la duración del traslado y de la autorización de residencia por traslado intraempresarial.

La salvedad a esta posibilidad se produce con respecto a las empresas o grupos de empresas que, en los tres años inmediatamente anteriores a la solicitud de autorización, hayan sido sancionadas por infracción grave o muy grave en materia de extranjería e inmigración o no hayan acreditado el cumplimiento de los requisitos exigidos y comprobados de oficio por la Administración.

Las modalidades de esta autorización de residencia por traslado intraempresarial son:

- Autorización de residencia por traslado intraempresarial ICT UE. Procede para el desplazamiento temporal para trabajar como directivo, especialista o para formación, desde una empresa establecida fuera de la Unión Europea a una entidad perteneciente a la misma empresa o grupo de empresas establecida en España. La duración máxima de la autorización es de tres años en el caso de directivos o especialistas y de uno en el caso de trabajadores en formación.

Además, esta autorización expedida por España habilita para entrar, residir y trabajar en uno o varios Estados miembros previa comunicación o solicitud de autorización.

- Autorización nacional de residencia por traslado intraempresarial. Para los supuestos no contemplados en el caso anterior o una vez haya transcurrido la duración máxima de ese traslado. El período de validez de esta autorización es igual a la duración del traslado con un máximo de tres años.

En cuanto a los requisitos, además de los generales para la situación de estancia y residencia han de acreditarse otros específicos —si la empresa se inscribe en la Unidad de Grandes Empresas y Colectivos Estratégicos, cuya validez es de tres años renovables, se encuentra exenta de acreditar los tres primeros requisitos—:

- La existencia de una actividad empresarial real y, en su caso, la del grupo empresarial.
- Titulación superior y experiencia equiparable al supuesto de la autorización de residencia nacional para profesionales altamente cualificados. Es decir, al menos el nivel 1 antes descrito y una experiencia profesional mínima de tres años.
- La existencia de una relación laboral o profesional previa y continuada de tres meses con una o varias de las empresas del grupo.
- Documentación de la empresa que acredite el traslado.

F) Teletrabajador de carácter internacional

Por último, esta modalidad de visado de residencia por teletrabajo internacional es otro de los subtipos de los visados por razones de interés económico, que permite a un nacional de un tercer Estado residir en España para ejercer una actividad laboral o profesional a distancia para empresas radicadas fuera del territorio nacional, mediante el uso exclusivo de medios y sistemas informáticos, telemáticos y de telecomunicación. Esto, además teniendo en cuenta que en el caso de que se trate de una actividad laboral, el trabajador solo puede trabajar para empresas radicadas fuera del territorio nacional. Es decir, si la pretensión del trabajador es residir en España y teletrabajar para una empresa española es necesario acudir a otra vía que permita obtener la autorización de residencia y trabajo en España. Sin embargo, en el supuesto de ejercicio de una actividad profesional, sí se permite trabajar para una empresa ubicada en España, siempre y cuando el porcentaje de dicho trabajo no sea superior al 20 % del total de su actividad profesional.

Además, otro criterio delimitador de esta opción de visado es que sólo pueden solicitarlo los profesionales cualificados que acrediten ser graduados o postgraduados de universidades de reconocido prestigio, formación profesional y escuelas de negocios de reconocido prestigio o que cuenten con una experiencia profesional mínima de tres años. Por tanto, nos encontramos ante un supuesto dirigido tan sólo a determinados perfiles profesionales y en el contexto internacional.

Junto a estos requisitos generales, existen otros específicos dirigidos a la acreditación de que efectivamente existe una actividad profesional a desarrollar a través de medios telemáticos. Así, se exige acreditar:

- La existencia de una actividad real y continuada de la empresa o grupo de empresas con la que el trabajador mantiene relación laboral o profesional de al menos un año.
- Documentación acreditativa de que la relación laboral o profesional se puede realizar en remoto.
- En el supuesto de la actividad de carácter laboral, se debe acreditar la existencia de un vínculo laboral con una empresa no ubicada en España durante al menos los últimos tres meses anteriores a la presentación de la solicitud.
- En la relación profesional, se debe acreditar la existencia de una relación mercantil entre el trabajador y una o varias empresas no localizadas en España durante al menos los tres últimos meses.

Una vez acreditados tales requisitos, el trabajador puede obtener este visado para teletrabajo de carácter internacional, que es válido tan solo por un período máximo de un año, que puede ser renovado por un período máximo de tres años —su solicitud ha de realizarse en el plazo de sesenta días naturales antes a su expiración—, siempre y cuando se mantengan las condiciones que generaron el derecho al visado inicial.

Pues bien, es importante hacer referencia a que, una vez concedida cualquiera de estas autorizaciones por razones de interés económico, si tuvieran una vigencia superior a seis meses, se debe solicitar la tramitación del número de identificación de extranjero (NIE), que se puede renovar por periodos de dos años siempre y cuando mantengan las condiciones que generaron el derecho. Además, el pasaporte es documento acreditativo suficiente para darse de alta en la Seguridad Social durante los primeros seis meses de residencia o estancia en estas categorías.

Junto a estos visados creados para la captación del talento profesional de carácter internacional, se regulan también otras figuras dirigidas a los estudiantes extranjeros que han finalizado sus estudios equivalentes a como mínimo el nivel de grado en una institución de educación superior, que les permite permanecer en España durante un período máximo improrrogable de veinticuatro meses, con el fin de buscar un empleo adecuado con respecto a los estudios finalizados o para emprender un proyecto empresarial[30]. Igualmente, y en esta misma línea, se regula otra autorización de residencia y trabajo dirigida a los contratos de prácticas, con una duración máxima de doce meses o igual a la duración del convenio de prácticas, si es inferior. Esta autorización puede ser renovada por una sola vez, sin que se puedan exceder los dos años, incluida la prórroga[31].

Por último, es preciso tener en cuenta que a pesar de que el supuesto general es el del trabajador que precisa de uno de los visados descritos anteriormente para poder trabajar en España, también existen una serie de supuestos que quedan exceptuados de ello. En este caso, a través de la autorización de residencia con excepción de la autorización de trabajo. Es el caso de[32]:

- Personal directivo o profesorado de instituciones culturales y docentes dependientes de otros Estados, así como de otras que sean de carácter privado y acreditado prestigio, oficialmente reconocidas por España, que desarrollen en nuestro país programas culturales y docentes de sus países respectivos, siempre que limiten su actividad a la ejecución de tales programas.
- Funcionarios civiles o militares de las Administraciones estatales extranjeras que vengan a España para desarrollar actividades en virtud de acuerdos de cooperación con la Administración española.

30. Disposición final quinta diez de la Ley 28/2022, de 21 de diciembre, de fomento del ecosistema de las empresas emergentes.
31. *Ibidem*, disposición final quinta once. Para mayor abundamiento acerca de los distintos tipos de autorizaciones de estancia y residencia véase, https://www.inclusion.gob.es/web/migraciones/home. Consultado: 23 de marzo de 2023.
32. Art. 41 LOex y art. 117 RDLOex. Para mayor abundamiento acerca de la acreditación de tales circunstancias y el procedimiento de solicitud véase https://www.interior.gob.es/opencms/es/servicios-al-ciudadano/tramites-y-gestiones/extranjeria/regimen-general/residencia-temporal/ Consultado: 21 de marzo de 2023.

Corresponsales de medios de comunicación social extranjeros debidamente acreditados para el ejercicio de la actividad informativa.

○ Miembros de misiones científicas internacionales que realicen tra-
○ bajos e investigaciones en España que estén autorizadas por la Administración competente.

○ Los artistas que vengan a España a realizar actuaciones concretas que no supongan una actividad continuada.

○ Ministros, religiosos o representantes de las diferentes iglesias y confesiones debidamente inscritas en el Registro de Entidades Religiosas, siempre que limiten su actividad a funciones estrictamente religiosas.

○ Los extranjeros que formen parte de los órganos de representación, gobierno y administración de los sindicatos homologados internacionalmente, siempre que limiten su actividad a funciones estrictamente sindicales.

○ Los menores extranjeros en edad laboral tutelados por la entidad de protección de menores competente, para aquellas actividades que a propuesta de la mencionada entidad favorezcan su integración social.

Capítulo II

Coordinación de los sistemas de seguridad social. Criterios rectores y legislación aplicable

Una vez expuestas las diversas formas de movilidad internacional en el trabajo y las autorizaciones requeridas para la permanencia en otro país en términos de legalidad administrativa, de acuerdo con el objeto de esta obra, es preciso también analizar los aspectos relativos a la Seguridad Social que se ven afectados por dicha movilidad.

Como punto de partida es preciso tener en consideración que los Estados determinan y definen libremente el campo de aplicación de sus normas de Seguridad Social según diversos criterios como el de profesionalidad o territorialidad. Es decir, de acuerdo con el desempeño de una actividad y pago de cuotas o residencia, respectivamente. Igualmente, mediante una combinación de ambos[1].

Un ejemplo de lo anterior es el propio sistema de Seguridad Social español, cuya norma de referencia —Real Decreto Legislativo 8/2015, de 30 de octubre de 2015—, por el que se aprueba el Texto Refundido de la Ley

1. GONZÁLEZ ORTEGA, S. *La protección social de los trabajadores extranjeros*, 2006, p. 50.

General de la Seguridad Social —de ahora en adelante LGSS— configura su ámbito de aplicación bajo los criterios de profesionalidad y residencia, con un marcado carácter territorialista pues, el estatus de residente es el criterio común tanto en la vía contributiva como no contributiva. Además, se estipula que a efectos del mantenimiento del derecho a las prestaciones económicas de la Seguridad Social o de los complementos a mínimos para cuya percepción se exija la residencia efectiva en territorio español, la condición de residente queda supeditada a que no se produzcan estancias en el extranjero por un tiempo superior a noventa días en un año natural. A menos que esta ausencia esté motivada y justificada por razón de enfermedad (art. 51).

Luego, una primera aproximación a lo descrito daría lugar a interpretar que los trabajadores quedan vinculados y protegidos por el sistema de Seguridad Social del territorio en el que realizan la actividad profesional o laboral, siempre que residan en él. O, dicho de otro modo, que el encuadramiento se produce en el régimen correspondiente desde el momento en el que se reúnen los requisitos de profesionalidad y territorialidad exigidos por la normativa —alta o situación asimilada al alta y situación de residencia legal y efectiva—. Con la salvedad del alta de pleno derecho a efectos de las contingencias profesionales, desempleo y asistencia sanitaria por enfermedad común, maternidad y accidente no laboral (arts. 165 y 166.4).

Un criterio que no ofrece problemáticas de tipo práctico cuando la actividad profesional o laboral se desarrolla en términos clásicos, es decir, cuando el territorio en el que el trabajador desarrolla la actividad y tiene fijada su residencia habitual coinciden, pero que puede ocasionar numerosas problemáticas de tipo jurídico cuando nos encontramos ante nuevas formas de movilidad en el trabajo. Es decir, en el caso de los trabajadores itinerantes, desplazados, transfronterizos, teletrabajadores internacionales, nómadas digitales o trabajadores en régimen de pluriactividad en varios Estados.

De este modo, el primero de los interrogantes que puede surgir en el contexto de la movilidad laboral internacional a efectos del campo de aplicación del sistema de Seguridad Social en vía contributiva, es el relativo al sistema que resulta vinculante y de aplicación al trabajador. Si el sistema del país dónde se desarrolla la actividad profesional, bajo un criterio de aseguramiento, o el del lugar de residencia habitual cuando éste es distinto. Esto debido a que, bajo el criterio genérico señalado hasta ahora, la movilidad del trabajador a otro país supondría la desvinculación con el sistema de Seguridad Social del país de origen, en este caso España, y con ello, la pérdida de los derechos prestacionales. Además, y dado que los Estados son autónomos para configurar estos criterios de encuadramiento, otra de las problemáticas que podría producirse es la confrontación entre los criterios de uno y otro Estado. Todo ello, salvo que a nivel internacional existan instrumentos que establezcan reglas para coordinar los sistemas de Seguridad Social de los distintos países.

1. CRITERIOS SOLUTORIOS ANTE CONFLICTOS DE LEYES TRANSNACIONALES

Como se ha dicho, las nuevas formas de trabajo y movilidad que han ido surgiendo a raíz del actual mundo globalizado presentan nuevos escenarios y retos a los que el Derecho ha de dar respuesta. Entre ellos, el relativo a la determinación de la norma a aplicar cuando dos o más normas nacionales o internacionales entran en conflicto. Así, en el ámbito laboral pueden entrar en colisión normas de derecho sustantivo de rango internacional procedentes de organismo internacionales como la Organización Internacional del Trabajo (OIT), la Unión Europea, el Consejo de Estado o los posibles convenios bilaterales de Seguridad Social, con otras de carácter interno como las relativas a los derechos y libertades de los extranjeros o las propiamente laborales, entre las que se incluyen los convenios colectivos, que raramente contemplan el supuesto de movilidad transnacional, entre otras.

De este modo, la resolución de posibles controversias o concurrencias normativas en la esfera laboral exige acudir a los criterios elaborados por el derecho para resolver estos posibles conflictos. Así:

- *Prorrogatio fori sive legis*. Este criterio hace referencia a la posibilidad que tienen las partes de acordar la competencia de un tribunal o la aplicación de una legislación determinada. Esto, siempre y cuando se cumplan unos requisitos que eviten que la parte más débil de la relación laboral pueda verse obligada a aceptar la aplicación de una legislación que le resulta menos favorable.

- *Lex loci executionis* o *laboris* o lugar de la ejecución del contrato. Un criterio de territorialidad que hace referencia al lugar en el que se presta la actividad profesional.

- *Lex loci celebrationis* o lugar de celebración del contrato.

- *Lex loci domicilii* o lugar del domicilio del demandante o del demandado. Normalmente del demandado.

- *Lex loci facti sive declarationis*. Hace referencia al lugar en el que se produce la contingencia o hecho causante. Por ejemplo, a efectos de Seguridad Social, el accidente de trabajo que podría dar lugar al reconocimiento de una prestación de incapacidad temporal.

- *Favor laboratoris*. Consiste en aplicar la norma más favorable para el trabajador cuando se produzca una concurrencia entre las legislaciones nacionales o internacionales que puedan resultar de aplicación.

- *Mosaikbetrachtung* o aplicación distributiva de leyes de distintos países. De aplicación, por ejemplo, en el principio *prorrata temporis* de la legislación sobre pensiones transnacionales.

- *Strahlung* o criterio de irradiación de la norma de origen en los desplazamientos temporales de trabajadores.

- Ley o tribunal del país con mayor conexión. Consiste en la consideración de indicios que sirven para determinar la legislación o competencia de un tribunal cuando la concurrencia de normas no haya podido ser resulta según los criterios anteriores.

Por supuesto, junto a estos criterios han de tenerse también en cuenta otras normas de conflicto como, entre otras, es el caso de los Reglamentos (CE) denominados Roma I —Reglamento núm. 593/2008, de 17 de junio de 2008, sobre la ley aplicable a las obligaciones contractuales— y Roma II —Reglamento núm. 864/2007, de 11 de julio de 2007, sobre legislación aplicable a las obligaciones contractuales y extracontractuales—.

2. INSTRUMENTOS DE COORDINACIÓN DE LA SEGURIDAD SOCIAL EN EL CONTEXTO INTERNACIONAL

Los principales instrumentos que los Estados han utilizado para facilitar la movilidad de los trabajadores y garantizarles el derecho a la Seguridad Social en el marco internacional son los convenios bilaterales o multilaterales entre países y, en el caso de los países miembros, los reglamentos de coordinación. El objetivo es procurar que los trabajadores nacionales de los Estados firmantes que se trasladan por motivos profesionales no experimenten una merma o perjuicio en sus derechos de Seguridad Social, pero tampoco que obtengan una doble e injustificada protección derivada de la aplicación de cada normativa de manera separada e individualizada.

En el caso de los países miembros, como ya se ha dicho, es preciso destacar la importancia del Reglamentos (CE) núm. 883/2004, del Parlamento Europeo y del Consejo, de 29 de abril, sobre coordinación de los sistemas de Seguridad Social, que actúa como norma de base, así como del Reglamento 987/2009, por el que se adoptan sus normas de aplicación —reglamento de aplicación— y el Reglamento 465/2012, de 22 de mayo, por el que se modifican ambos[2].

Con respecto a los convenios bilaterales de Seguridad Social suscritos entre España y otros países no integrantes de los países miembros, cabe citar los existentes con Andorra[3], Argentina[4], Australia[5], Brasil[6], Cabo Verde[7], Canadá[8], Chile[9], China[10], Colombia[11], Corea[12], Ecuador[13], Estados Uni-

---

2. Entrada en vigor el 1 de mayo de 2010 para los países miembros de la Unión Europea: Alemania, Austria, Bélgica, Bulgaria, Chipre, Croacia (desde 1 de julio de 2013), Dinamarca, Eslovaquia, Eslovenia, España, Estonia, Finlandia, Francia, Grecia, Hungría, Irlanda, Italia, Letonia, Lituania, Luxemburgo, Malta, Países Bajos, Polonia, Portugal, República Checa, Rumanía y Suecia. Igualmente, aplicables en las relaciones con Suiza desde el 1 de abril de 2012 y con los Estados pertenecientes al EEE a partir del 1 de junio de 2012.
3. Convenio de Seguridad Social entre el Reino de España y el Principado de Andorra, de 9 de noviembre de 2001 (BOE núm. 290, de 4 de diciembre de 2002) y Acuerdo Administrativo para la aplicación del Convenio de Seguridad Social entre el Reino de España y el Principado de Andorra, de 9 de noviembre de 2001 (BOE núm. 290, de 4 de diciembre de 2002).
4. Convenio de Seguridad Social entre el Reino de España y la República Argentina, de 28 de enero de 1997 y Acuerdo Administrativo para la aplicación del Convenio, de diciembre de 1997 (BOE núm. 10, de diciembre de 2004).
5. Convenio entre España y Australia sobre Seguridad Social, de 31 de enero de 2002 (BOE núm. 303, de 19 de diciembre de 2002).
6. Convenio de Seguridad Social entre el Reino de España y la República Federativa de Brasil, de 16 de mayo de 1991 (BOE núm. 13, de 15 de enero de 1996). Modificado por el Convenio complementario de revisión, de 24 de julio de 2012 (BOE núm. 119, de 16 de mayo de 2018).
7. Convenio de Seguridad Social entre el Reino de España y la República de Cabo Verde y Acuerdo Administrativo para su aplicación, de 23 de noviembre de 2012 (BOE núm. 255, de 24 de octubre de 2013).
8. Convenio y Acuerdo administrativo sobre Seguridad Social entre España y Canadá, hechos en Madrid, de 10 de noviembre de 1986 (BOE núm. 287, de 1 de diciembre de 1987).
9. Convenio de Seguridad Social entre el Reino de España y la República del Chile, de 28 de enero de 1997 (BOE núm. 72, de 25 de marzo de 1998) y Acuerdo Administrativo para la aplicación del Convenio Hispano-Chileno de Seguridad Social, de 28 de enero de 1997 (BOE núm. 141, de 14 de marzo de 1998).
10. Convenio de Seguridad Social entre el Reino de España y la República Popular China, de 19 de mayo de 2017 (BOE núm. 66, de 16 de marzo de 2018).
11. Convenio de Seguridad Social entre el Reino de España y la República de Colombia, de septiembre de 2005 (BOE núm. 54, de 3 de marzo de 2008).
12. Convenio de Seguridad Social entre el Reino de España y la República de Corea, de 14 de julio de 2011 (BOE núm. 110, de 8 de mayo de 2013).
13. Convenio de Seguridad Social entre el Reino de España y la República del Ecuador, de 4 de diciembre de 2009 (BOE núm. 32, de 7 de febrero de 2011).

dos[14], Filipinas[15], Japón[16], Marruecos[17], Méjico[18], Paraguay[19], Perú[20], República Dominicana[21], Rusia[22], Senegal[23], Túnez[24], Ucrania[25], Uruguay[26] y Venezuela[27].

---

14. Convenio sobre Seguridad Social entre España y los Estados Unidos de América y acuerdo administrativo para su aplicación, de 30 de septiembre de 1986 (BOE núm. 76, de 29 de marzo de 1988).
15. Convenio de Seguridad Social entre el Reino de España y la República de Filipinas, de 12 de noviembre de 2002 (BOE núm. 158, de 3 de julio de 2012).
16. Convenio de Seguridad Social entre España y Japón, de 12 de noviembre de 2008 (BOE núm. 236, de 30 de septiembre de 2009).
17. Convenio de Seguridad Social entre el Reino de España y el Reino de Marruecos, de 8 de noviembre de 1979 (BOE núm. 245, de 13 de octubre de 1982), modificado por el Protocolo adicional al Convenio de 27 de enero de 1998 y Acuerdo Administrativo de 8 de febrero de 1984 para la aplicación del Convenio sobre Seguridad Social entre España y el Reino de Marruecos (BOE núm. 138, de 10 de junio de 1985).
18. Convenio de Seguridad Social entre el Reino de España y los Estados Unidos Mexicanos, de 25 de abril de 1994, y Acuerdo administrativo para su aplicación, de 28 de noviembre de 1994 (BOE núm. 65, de 17 de marzo de 1995).
19. Convenio de Seguridad Social entre el Reino de España y la República del Paraguay, de 24 de junio de 1998 (BOE núm. 28, de 2 de febrero de 2006).
20. Convenio de Seguridad Social entre el Reino de España y la República del Perú, de 16 de junio de 2003 (BOE núm. 31, de 5 de febrero de 2005) y Acuerdo Administrativo de 18 de abril de 2007 para la aplicación del Convenio de Seguridad Social entre la República de Perú y el Reino de España.
21. Convenio de Seguridad Social entre el Reino de España y la República Dominicana, de julio de 2004 (BOE núm. 139, de 12 de junio de 2006).
22. Convenio de Seguridad Social entre el Reino de España y la Federación de Rusia, de 11 de abril de 1994. Acuerdo Administrativo para la aplicación del Convenio de Seguridad Social entre el Reino de España y la Federación de Rusia, de 12 de mayo de 1995 (BOE núm. 48, de 24 de febrero de 1996).
23. Convenio de Seguridad Social entre el Reino de España y la República de Senegal, hecho «ad referéndum» en Dakar el 22 de noviembre de 2020 (BOE núm. 64, de 16 de marzo de 2022).
24. Convenio de Seguridad Social entre el Reino de España y la República de Túnez, de 26 de febrero de 2001(BOE núm. 309, de 26 de diciembre de 2001) y Acuerdo Administrativo de 9 de septiembre de 2004, para la aplicación del Convenio de Seguridad Social entre el Reino de España y la República de Túnez (BOE núm. 24, de 28 de enero de 2005).
25. Convenio de Seguridad Social entre el Reino de España y Ucrania, de octubre de 1996 (BOE núm. 81, de 4 de abril de 1998).
26. Convenio de Seguridad Social entre el Reino de España y la República Oriental del Uruguay, de 1 de diciembre de 1997 (BOE núm. 47, de 24 de febrero de 2000).
27. Convenio de Seguridad Social entre España y Venezuela, de 12 de mayo de 1988; Canje de Notas de 14 de julio de 1988 y 22 de agosto de 1988, corrigiendo algunos errores contenidos en varios artículos del Convenio, y Acuerdo Administrativo para la aplicación del citado Convenio de Seguridad Social, y anejos, de 5 de mayo de 1989 (BOE núm. 162, de 7 de julio de 1990.

También existen convenios multilaterales, entre los que cabe destacar el Convenio Multilateral Iberoamericano de Seguridad Social, de noviembre de 2007 —CMISS—, que resulta aplicable a los países que tras su entrada en vigor el 1 de mayo de 2011 han ratificado y suscrito el Acuerdo de Aplicación que lo desarrolla. A la fecha, estos países son España, Argentina, Bolivia, Brasil, Chile, El Salvador, Ecuador, Paraguay, Perú, Portugal, Uruguay y República Dominicana[28].

Es importante señalar que en el caso de que resulten aplicables tanto un convenio bilateral como este convenio multilateral, este último estipula que se aplicarán las disposiciones que resulten más favorables al interesado (art. 8). Es el caso de España con Argentina, Brasil, Chile, Ecuador, Paraguay, Uruguay, Perú y República Dominicana, ya que son los países con los que existe esta duplicidad de normas de coordinación.

Asimismo, cabe reseñar al Convenio Europeo de Seguridad Social y Convenio Complementario para su aplicación, de 14 de diciembre de 1972, que resulta aplicable a España, Austria, Bélgica, Italia, Luxemburgo, Países Bajos, Portugal y Turquía[29]. Igualmente, al Acuerdo de Comercio y Cooperación entre la Unión Europea y la Comunidad Europea de la Energía Atómica, por una parte, y el Reino Unido de Gran Bretaña e Irlanda del Norte, por otra (Acuerdo de Comercio y Cooperación). En particular a su artículo SSCI.4, apartado 2, relativo a la coordinación de la Seguridad Social desde el 1 de enero de 2021. Fecha en la que dejaron de resultar aplicables los reglamentos de coordinación de los países miembros con estos territorios[30].

En cuanto al contenido de estos instrumentos de coordinación, en líneas generales, tanto la normativa europea como los convenios bilaterales y multilaterales se rigen por unos criterios comunes definidos por la normativa internacional. Estos principios son la igualdad de trato y no discriminación; coordinación de las legislaciones; legislación única aplicable; supresión de cláusulas de residencia o exportabilidad de las prestaciones; totali-

28. BOE núm. 7, de 8 de enero de 2011. En España y Bolivia el Convenio tiene efectividad desde el 1 de mayo de 2011, en Brasil desde el 19 de mayo de 2011, en Ecuador desde el 20 de junio de 2011, en Chile desde el 1 de septiembre de 2011, en Uruguay desde el 1 de octubre de 2011, en Paraguay desde el 28 de octubre de 2011, en El Salvador desde el 17 de noviembre de 2012, en Portugal desde el 21 de julio de 2014, en Argentina desde el 1 de agosto de 2016, en Perú desde el 20 de octubre de 2016 y en República Dominicana.
29. Convenio publicado en el BOE núm. 271, de 12 de noviembre de 1986. Entrada en vigor el 25 de abril de 1986.
30. Convenio publicado en el BOE núm. 149, de 30 de abril de 2021.

zación de los períodos de cotización; no acumulación de prestaciones; y aplicación de las disposiciones más favorables.

Además, todos los convenios se suscriben bajo un principio de reciprocidad, que implica que las partes firmantes de un convenio se otorgan mutuamente los mismos derechos y obligaciones. De esta manera, un país concede ciertos derechos o beneficios a los trabajadores extranjeros procedentes de un determinado país a cambio de que éste haga lo mismo con los de su territorio.

Por ejemplo, si España firma un convenio bilateral con otro país en el que se incluye la prestación de jubilación dentro del ámbito de aplicación de dicho convenio, todas las obligaciones y derechos relativos a esta prestación se reconocen en España para los trabajadores procedentes de tal país, y de igual modo, en dicho país para los trabajadores procedentes de España.

Se trata de un principio básico y fundamental en el ámbito del derecho internacional ya que permite establecer relaciones de confianza entre los Estados y garantizar que los acuerdos sean beneficiosos para ambas partes. No obstante, es preciso tener en cuenta que la naturaleza e intensidad de los flujos migratorios de un país con respecto al otro pueda ocasionar que esta reciprocidad, en la práctica, sitúe a uno de los países firmantes en una clara desventaja sobre el otro. Esto debido a que, aunque el Estado de origen del trabajador, es decir, donde se han generado los derechos, es el obligado al pago de las prestaciones, el otro país es el obligado a su ejecución y, por tanto, el que tiene que desplegar todos los medios para que tales prestaciones se hagan efectivas. Aspecto al que se hará mayor mención en el último capítulo de esta obra.

No obstante, la problemática para el trabajador transnacional puede venir derivada del hecho de que no se cuenta *con convenios de reciprocidad con todos los países —principalmente con Asia y África—. Además, en el caso de que sí los haya, el contenido y catálogo prestacional difiere entre unos y otros. De hecho,* la amplitud de este marco garantista suele ser más reducido en estos convenios con respecto a las normas de los países miembros, tanto en su parte objetiva como subjetiva. *Luego, estos mecanismos de coordinación y protección no siempre están garantizados, ya sea por los países implicados en la movilidad transnacional o por* el contenido y alcance de estas garantías.

Así, conviene hacer un examen de los criterios que sirven de base para la coordinación de los sistemas de Seguridad Social en el plano internacional. Esto, teniendo en cuenta que en la medida en la que los Estados son competentes para regular y organizar sus sistemas de Seguridad Social, no existe un catálogo de derechos idénticos y compartidos a escala internacional para todos los trabajadores, sino una serie de reglas que organizan y definen tales derechos.

2.1. ÁMBITO SUBJETIVO DE APLICACIÓN E IGUALDAD DE TRATO

El criterio principal que tradicionalmente ha delimitado el régimen jurídico de Seguridad Social aplicable en el contexto de la movilidad internacional profesional o laboral, ha sido la nacionalidad del trabajador en relación con el país de acogida y de desarrollo de tal actividad, también llamado por los instrumentos y convenios de coordinación país de aseguramiento. No obstante, y en línea con el principio de igualdad de trato que también actúa como criterio rector en estas normas, algunos abandonan esta referencia a los trabajadores nacionales y definen su ámbito de aplicación sin mención alguna a la nacionalidad. Incluso con extensión a las personas —no sólo a los trabajadores— que estén o hayan estado sujetas en términos de aseguramiento a la legislación de uno de los países firmantes del convenio internacional/países miembros, que traslada su residencia a otro país firmante. También a los familiares. Y en varios casos a los apátridas y refugiados[31]. Todo ello, sin perjuicio de que a lo largo de su articulado también se continúe haciendo referencia a los trabajadores[32].

Son numerosas las disposiciones que establecen esta obligatoriedad de dar el mismo trato jurídico a todas las personas que se encuentren en igual situación, con independencia de la nacionalidad. Entre ellas, el TFUE, en su artículo 18 señala la prohibición de toda discriminación por razón de nacionalidad en el ámbito de aplicación de los Tratados, sin perjuicio de las disposiciones particulares previstas en ellos. Igualmente, otros textos normativos específicos del área del Derecho del Trabajo y la Seguridad Social como los convenios de la Organización Internacional del Trabajo también señalan esta prohibición. Entre otros, el Convenio núm. 19, sobre igualdad de trato en accidentes de trabajo, de 5 de junio de 1925; Convenio núm. 97, sobre trabajadores migrantes, de 1 de julio de 1949 o Convenio núm. 118, sobre igualdad de trato en materia de Seguridad Social.

31. Para mayor abundamiento véase, ORTIZ GONZÁLEZ-CONDE, F. M. «El ámbito subjetivo en la coordinación de sistemas de seguridad social», en AAVV. *Protección social en España, en la Unión Europea y en el Derecho Internacional,* Aguilar Gonzálvez M. C., Cervilla Garzón, M. J., Ferradans Caramés, C., Guerrero Padrón, T., Jover Ramírez, M. C. y Ribes Moreno, I. (dirs.), Murcia, Laborum, 2017, pp. 53-68; SÁNCHEZ CARRIÓN, J. L. «Los convenios bilaterales de Seguridad Social suscritos por España y su conexión con el derecho comunitario». *Revista del Ministerio de Trabajo y Asuntos Sociales,* núm. 47, 2003, pp. 17-48.

32. Es interesante en este sentido, el estudio realizado por GARCÍA DE CORTÁZAR Y NEBREDA, C. «El campo de aplicación del Reglamento 883/2004». *RMTAS,* núm. 64, 2006.

Como muestra de este fenómeno integrador con respecto a la nacionalidad en el ámbito europeo, hay que señalar al Reglamento (CE) 859/2003, de 14 de marzo, derogado por el Reglamento (UE) 1231/2010, de 24 de noviembre, del Parlamento Europeo, de 24 de noviembre, por el que se amplía la aplicación del Reglamento 883/2004, ya que fue el que realizó la equiparación entre nacionales de países miembros y ciudadanos procedentes de terceros países que, únicamente por razón de nacionalidad, no estuvieran cubiertos por la normativa de estos países —a excepción de las relaciones con Dinamarca, con quien estos reglamentos de coordinación no son aplicables a los nacionales de terceros países—. Produjo, por tanto, la transición hacia un modelo que abandona la utilización exclusiva del término de ciudadanos de la Unión Europea e incluye la de ciudadanos en la Unión Europea[33].

En esta línea, el Reglamento 883/2004 define su ámbito de aplicación a todas las personas aseguradas, activas o no. Ello, teniendo en cuenta que la propia norma define como asegurado en relación con las ramas de Seguridad Social contempladas en los capítulos 1 y 3 del título III, a «toda persona que reúna las condiciones requeridas por la legislación del Estado miembro competente con arreglo al título II para tener derecho a las prestaciones» (art. 1. c). Aunque es importante señalar que la inclusión de los ciudadanos extraeuropeos —sus familias y supervivientes— opera exclusivamente cuando se está en situación de residencia legal en el territorio de un Estado miembro[34]. Es decir, la residencia en términos de legalidad actúa como elemento central del régimen jurídico aplicable en materia de Seguridad Social más allá de la nacionalidad.

De hecho, en la esfera de los países miembros se observa un cambio de tendencia con respecto al espíritu integrador y de solidaridad transnacional que conforman los cimientos de la unión de estos países. Sirva como ejemplo el comunicado de prensa de la Comisión Europea «La equidad, en el núcleo de la propuesta de la Comisión para actualizar las normas de la Unión en materia de coordinación de la seguridad social», Bruselas, 13 de diciembre de 2016, que tuvo como objetivo establecer propuestas de cambio en las normas de coordinación de los sistemas de Seguridad Social de los distintos países miembros para reforzar los instrumentos que permiten

33. GONZÁLEZ ORTEGA, S. *La protección social de los trabajadores extranjeros*...ob. cit. p. 39.

34. Así lo afirma ORTÍZ GONZÁLEZ-CONDE, F. M. «El ámbito subjetivo en la coordinación de sistemas de seguridad social...» ob. cit. p. 59; SÁNCHEZ-RODAS NAVARRO, C. «Externalización de la asistencia sanitaria española y derecho de la Unión Europea: (in) aplicación a los inmigrantes irregulares». *Revista Internacional de la Protección Social,* núm. 2, 2018, vol. 3, pp. 1-13.

hacer frente a posibles abusos por parte de personas que se desplazan a estos países con la única pretensión de solicitar las prestaciones y ayudas sociales. Así, se determinó que «tomando como base la jurisprudencia del Tribunal de Justicia, los Estados miembros pueden decidir no conceder prestaciones sociales a los ciudadanos desplazados económicamente inactivos (a saber, aquéllos que no están trabajando o buscando empleo activamente y no tienen el derecho de residencia legal en su territorio)». El objetivo es evitar que estas personas acaben convirtiéndose en una carga para el Estado receptor.

Estas limitaciones se encuentran en línea con lo dispuesto por el propio Tribunal Europeo de Derechos Humanos, que estipula que la prohibición de discriminación en materia de Seguridad Social por razón exclusiva de la nacionalidad implica que cualquier diferencia de trato tan sólo está permitida cuando sea por razones justificadas, objetivas y razonables. O, dicho de otro modo, la diferencia de trato entre nacionales y extranjeros está justificada cuando se basa en razones objetivas, con un objetivo legítimo y una adecuada proporcionalidad entre los medios utilizados y el fin perseguido[35].

Un ejemplo de lo anterior es el citado convenio núm. 118 de la OIT, que a pesar de establecer tal principio de igualdad en relación con todas las ramas de la Seguridad Social reguladas por él (art. 3), permite supeditar el reconocimiento de algunas prestaciones, incluida la jubilación, a la acreditación de la condición de residente durante un determinado período previo al momento de la solicitud de la prestación. En el caso de la jubilación, como máximo diez años desde que se alcanza la edad de 18 años y hasta el momento de la solicitud, pudiendo además exigirse que cinco de ellos sean

35. SSTJUE, caso Gaygusuz contra Austria, de 16 de septiembre de 1996 (asunto c-1737/90); caso Collins contra Reino Unido, de 23 de marzo de 2004 (asunto c-138/02). En este último supuesto, el sr. Collins, de doble nacionalidad irlandesa y estadounidense, cursó un semestre de sus estudios en Reino Unido, en 1978. Regresó en 1980 y 1981 para una estadía de 10 meses, durante los que realizó trabajos ocasionales y a jornada parcial. Regresó a Estados Unidos en 1981, dónde trabajó hasta 1998, momento en el que volvió a Reino Unido para encontrar trabajo. El 8 de junio de 1998 solicitó el subsidio de búsqueda de empleo, que le fue denegado debido a que se consideró que no residía habitualmente en el Reino Unido. El Sr. Collins recurrió ante un Tribunal de Apelación de la Seguridad Social, que confirmó la denegación, afirmando que no podía ser considerado como residente habitual en el Reino Unido ya que no había sido residente durante un tiempo apreciable; no era un trabajador a los efectos del Reglamento núm. 1612/68; ni tenía derecho a residir en el Reino Unido en virtud de la Directiva 68/360. Pues bien, el TEDH obligó al Reino Unido a justificar de manera objetiva los motivos de la denegación del subsidio de búsqueda de empleo al Sr. Collins y demostrar que los motivos eran proporcionados y legítimos y no simplemente basados en la nacionalidad del solicitante.

consecutivos y precedan inmediatamente a la solicitud de la prestación (art. 4). Luego, nuevamente el criterio central utilizado es el de la residencia.

En este sentido, cabe señalar al ordenamiento jurídico interno, con especial mención a la regulación constitucional y la realizada por la LOex. El artículo 13 de la Constitución Española de 1978 establece que «los extranjeros gozarán en España de las libertades públicas que garantiza el presente Título en los términos que establezcan los tratados y la ley». Pues bien, a este respecto, por una parte, la LGSS hace referencia a la residencia legal de los extranjeros (art. 7.1.). Por otro, la LOex establece el principio de igualdad de trato en el acceso a los derechos prestacionales de Seguridad Social y servicios sociales —tanto a las generales y básicas como a las específicas— para los extranjeros residentes legalmente en España. Si bien, con respecto a los extranjeros irregulares esta igualdad tan sólo opera en relación con la atención de las necesidades consideradas más básicas y esenciales. Es decir, para las prestaciones de la vía no contributiva. (art. 14).

De hecho, la propia jurisprudencia del Tribunal Constitucional, a través de la llamada doctrina de la clasificación tripartita del ejercicio de derechos y libertades de los extranjeros en España, determina que el alcance de esta igualdad de derechos depende del concreto derecho afectado. A menos que se trate de un derecho inherente al respeto por la dignidad humana o que los convenios o tratados internacionales estipulen algo distinto, en cuyos casos no se admiten distinciones[36]. Es el caso del Convenio de la OIT núm. 19, sobre igualdad de trato en accidentes de trabajo, que determina que todo Estado miembro de la OIT que haya ratificado dicho convenio queda obligado a conceder a los extranjeros y a sus derechohabientes el mismo trato que a sus nacionales en materia de indemnización por accidentes del trabajo, sin ninguna condición de residencia. Si bien, tan sólo con respecto a los extranjeros nacionales de otros países que también hayan ratificado

36. STC 236/2007, de 7 de noviembre. Según esta doctrina existen tres tipos de categorías de derechos. Una primera categoría conformada por los derechos considerados inherentes a la dignidad humana, que han de ser legislados de igual modo tanto para españoles como extranjeros. La segunda categoría está integrada por otros derechos que no pertenecen a los extranjeros, como es el caso del artículo 23 en relación con el artículo 13.2. CE. Y, por último, el tercer grupo está conformado por los derechos cuyo reconocimiento a los extranjeros está supeditado a lo establecido en dicho sentido por los tratados y leyes. Algo que permite la distinta regulación de un mismo derecho entre españoles y extranjeros. Sobre esta cuestión véase, BALAGUER CALLEJÓN, F. «El contenido esencial de los derechos constitucionales y el régimen jurídico de la inmigración. Un comentario a la STC 236/2007». *Revista de Derecho Constitucional Europeo*, núm. 10, 2008; VIDAL FUEYO, M. C. «La jurisprudencia del Tribunal Constitucional en materia de derechos fundamentales de los extranjeros a la luz de la STC 236/2007». *Revista Española de Derecho Constitucional*, núm. 85, 2009, pp. 353-379.

dicho convenio. Por tanto, se articula el reconocimiento de esta protección, pero tan sólo en régimen de reciprocidad (art. 1).

Con respecto al tratamiento que los convenios internacionales de coordinación de la Seguridad Social con países terceros hacen de esta igualdad de trabajo a efectos de delimitar su ámbito de aplicación, conviene resaltar que algunos de ellos han realizado también esta equiparación entre trabajadores, dejando inaplicable el elemento de nacionalidad. Es el caso de los convenios firmados con Andorra, Argentina, Australia, Brasil, Canadá, Cabo Verde, China, Corea, Ecuador, Estados Unidos, Japón, Paraguay, Perú y Uruguay, que resultan aplicables a los trabajadores que estén o hayan estado sometidos a las legislaciones de Seguridad Social de uno o ambos países contratantes, con independencia de la nacionalidad. Sin embargo, otros convenios como los realizados con Chile, Colombia, Filipinas, Marruecos, México, República Dominicana, Rusia, Túnez, Ucrania y Venezuela, siguen rigiéndose por el principio de nacionalidad y tan sólo se aplican a los nacionales de los dos países firmantes que desarrollen su actividad profesional o laboral en el territorio de uno u otro Estado, incluyendo los familiares.

Por su parte, el convenio multilateral iberoamericano se aplica a las personas que estén o hayan estado sujetas a la legislación de uno o de varios Estados parte, así como a sus familiares beneficiarios y derechohabientes, sin mención a la nacionalidad (art. 2). El convenio europeo con Turquía se aplica a las personas nacionales de los países firmantes, es decir, de un lado Turquía y, de otro, España, Austria, Bélgica, Italia, Luxemburgo, Países Bajos y Portugal, así como a los familiares, refugiados y apátridas.

Por tanto, si la movilidad transnacional se produce en el marco de los países miembros se está a los dispuesto por los reglamentos de coordinación, y si se produce con países terceros a lo estipulado por los convenios de Seguridad Social que resulten de aplicación según el país de que se trate, en su caso.

2.2. ÁMBITO OBJETIVO DE APLICACIÓN

Junto a los requisitos subjetivos es preciso tener también en cuenta lo concerniente al campo de aplicación material de cada uno de estos instrumentos de coordinación. Es decir, las prestaciones incluidas y protegidas en su catálogo prestacional.

En el caso de la normativa de los países miembros, el Reglamento 883/2004 señala su aplicación a los regímenes de la Seguridad Social, tanto contributivos como no contributivos, con mención expresa a las ramas de la Seguridad Social relacionadas con (art. 3):

- Prestaciones de enfermedad.
- Prestaciones de maternidad y de paternidad asimiladas.
- Prestaciones de invalidez.
- Prestaciones de vejez.
- Prestaciones de supervivencia.
- Prestaciones de accidentes de trabajo y de enfermedad profesional.
- Subsidios de defunción.
- Prestaciones de desempleo.
- Prestaciones de prejubilación.
- Prestaciones familiares.

Con respecto a los convenios internacionales suscritos con países terceros, es preciso advertir que no existe un ámbito objetivo de aplicación común a todos, sino que cada convenio determina la amplitud del catálogo prestacional que resulta protegido. Normalmente con carácter más reducido que el reglamento de base europeo, con un contenido que suele incluir como mínimo las prestaciones económicas de invalidez; vejez; supervivencia y accidentes de trabajo y enfermedad profesional. También en el caso del Convenio Multilateral Iberoamericano. No así, el Convenio Multilateral Europeo, que incluye un catálogo prestacional similar al previsto por el reglamento de base de los países miembros (art. 2.1). En cualquier caso, y de acuerdo con el objeto de esta obra, hay que reseñar que todos incluyen la prestación de jubilación, en los términos fijados en cada uno de ellos.

2.3. LEGISLACIÓN ÚNICA APLICABLE. *PRINCIPIO LEX LOCI LABORIS VS LEX LOCI DOMICILII*

Como se ha dicho, uno de los interrogantes que puede suscitar la movilidad de los trabajadores a nivel internacional es la determinación de la legislación que rige a efectos de Seguridad Social, tanto en lo relativo a las obligaciones de cotización como de acceso y reconocimiento de las prestaciones. Sobre todo, en determinados tipos de movilidad pues, si bien ciertos supuestos no plantean grandes dificultades, distinta es la situación, por ejemplo, cuando el país de desarrollo de la actividad profesional o laboral no coincide con el del domicilio del trabajador; cuando este país de desarrollo de la actividad laboral es distinto al del lugar de ubicación de la sede principal de la empresa; o cuando la actividad es desarrollada en distinto países, entre otros.

La respuesta a lo anterior suele resolverse acudiendo a las normas de coordinación que resulten de aplicación, en su caso, ya que se trata de una cuestión abordada por todas ellas. Aunque no al mismo ritmo que las nuevas formas de movilidad, tal y como se verá en otro subepígrafe de este capítulo con respecto a los teletrabajadores internacionales o también llamados transfronterizos, cuya regulación específica en los convenios bilaterales y multilaterales aún no ha sido abordada específicamente.

El objetivo de estas reglas es garantizar que los trabajadores transnacionales estén sujetos al sistema de Seguridad Social de un solo país, a fin de evitar la concurrencia de diversas legislaciones nacionales aplicables y las complicaciones que ello puede implicar. Por tanto, el principio básico a partir del que se articulan el resto de las disposiciones es el de legislación única aplicable, a determinar según los criterios previstos para ello en las normas de coordinación, que se estructuran en torno a un criterio general y unas reglas especiales. Aunque es preciso tener en cuenta que es usual que las normas de coordinación prevean la posibilidad de que las autoridades o instituciones competentes de dos o más Estados parte alcancen acuerdos que exceptúen la aplicación de estas reglas, en beneficio de determinadas personas (art. 16 Reglamento 883/2004 y equivalentes de los convenios con países terceros).

2.3.1. Regla general: *principio Lex loci laboris*

Según lo expuesto, son los instrumentos de coordinación de Seguridad Social los que determinan la legislación que resulta aplicable en el contexto de la movilidad en el trabajo, a partir de las reglas estipuladas en ellos. Pues bien, todos configuran este principio de legislación única bajo el criterio *lex loci laboris*, que actúa como principio rector y general. O, dicho de otro modo, el criterio básico es que los trabajadores quedan sometidos a la legislación del lugar en el que se ejecuta el contrato o desarrolla la actividad.

Así lo establece toda la normativa de coordinación internacional a la que se ha venido haciendo referencia. Tanto la de los países miembros como la de los países extraeuropeos. Como muestra de ello, la regulación prevista por el Reglamento 883/2004, que indica lo siguiente (art. 11.3):

- Los trabajadores por cuenta propia y ajena quedan sometidos a la legislación del país en el que ejercen la actividad profesional o laboral.

- Los funcionarios quedan sujetos a la legislación del Estado miembro del que dependa la administración que le ocupa.

- La persona titular de una prestación de desempleo en virtud de la legislación del Estado miembro de residencia está sujeta a la legislación de dicho Estado.

- La persona llamada o vuelta a llamar al servicio militar o al servicio civil de un Estado miembro queda sujeta a la legislación de ese Estado miembro.

Mismo criterio es el que utilizan los convenios bilaterales y multilaterales, en cuyos respectivos artículos señalan que los trabajadores a quienes sea aplicable cada uno de los convenios quedan sujetos exclusivamente a la legislación de Seguridad Social del Estado parte en cuyo territorio ejerzan una actividad, dependiente o no dependiente, que dé lugar a su inclusión en el ámbito de aplicación de dicha legislación. Además, algunos de ellos van más allá con respecto a quienes trabajan en puertos, ya sea en trabajos de carga, descarga, reparación de buques o servicios de vigilancia en el puerto, y aclaran que este principio se aplica con respecto al país de la parte contratante al que pertenece el puerto, por ser éste el lugar de desarrollo de la actividad.

Por tanto, la regla general es que la legislación de Seguridad Social que rige es la del lugar en el que se desarrolla la actividad y se encuentra el centro de trabajo o sede la empresa. En el caso de los trabajadores por cuenta propia, el lugar en el que se encuentra el centro de interés de sus actividades. Así, por ejemplo, los trabajadores migrantes quedan sujetos y vinculados al sistema del país al que se desplazan para trabajar. Igualmente ocurre con los trabajadores de temporada y con los expatriados ya que, aunque materialmente se trate de supuestos distintos, desde la perspectiva de la Seguridad Social, que es lo que a esta obra interesa, son tratados de igual modo, con mismos efectos jurídicos. A menos que, en el caso de los expatriados, exista algún acuerdo de expatriación que los mejore.

Otra de las casuísticas existentes en materia de movilidad profesional y laboral es, como ya se indicó, el supuesto de los trabajadores fronterizos y transfronterizos. Recuérdese, aquellos que cruzan la frontera hacia otro país vecino, distinto al de su residencia habitual, para desarrollar su actividad profesional o laboral, ocasionando que los criterios de residencia y profesionalidad se cumplen en territorios distintos. Ni las normas de coordinación ni los convenios de Seguridad Social hacen mención expresa a un criterio o regla particular con respecto a ellos a efectos de determinar la legislación que resulta aplicable —a excepción de la prestación de asistencia sanitaria, para la que sí se establecen reglas particulares—. Por tanto, cabe suponer que se rigen por el mismo criterio general que el resto de los trabajadores que no cuentan con una regla específica. Es decir, quedan incluidos en el campo de aplicación de la Seguridad Social del país donde desarrollan su trabajo, con independencia del lugar de residencia.

Así, el criterio general es la sujeción a la legislación del lugar de ejecución de la actividad, salvo que atendiendo a las diversas casuísticas que envuelven a la movilidad transnacional se estipule algo distinto[37].

2.3.2. Criterio subsidiario: *principio lex loci domicilii*

Junto a las reglas básicas, el criterio subsidiario es el principio *lex loci domicilii* o legislación del país de residencia. Todo ello, sin perjuicio de otras disposiciones que garanticen prestaciones en virtud de la legislación de uno o varios de los demás Estados. Aunque, debe tenerse en cuenta que, al igual que ocurre con la aplicación del principio básico, la determinación de este lugar de domicilio en ocasiones tampoco se encuentra exenta de controversias.

Así, en el caso de la normativa de los países miembros, se establece que, en caso de disputa, las instituciones implicadas deberán establecer de común acuerdo el centro de interés del interesado a partir de una evaluación global de toda la información disponible relacionada con los hechos pertinentes y los siguientes elementos (art. 11 Reglamento 987/2009):

- La duración y continuidad de la presencia del interesado en el territorio de los Estados miembros afectados.
- La situación personal del interesado, incluidos:
    - La naturaleza y condiciones específicas de la actividad ejercida, en su caso. En particular el lugar donde se ejerce habitualmente la actividad, la estabilidad de la actividad y la duración de cualquier contrato de trabajo.
    - La situación y los lazos familiares.
    - El ejercicio de toda actividad no remunerada.
    - En el caso de los estudiantes, su fuente de ingresos.
    - El alojamiento, en particular su grado de permanencia.

37. Sobre la evolución normativa de este principio véase, MANEIRO VÁZQUEZ, Y. «Las normas conflictuales en el sistema de coordinación de regímenes de Seguridad Social». *Revista del Ministerio de Empleo y Seguridad Social*, núm. 132, 2017, pp. 249-275.

- El Estado miembro en el que se considere que la persona tiene su residencia fiscal.

Por último, si en base a todo lo descrito no fuese posible llegar a acuerdo para determinar el país a efectos de residencia, el elemento que se considera decisivo es la voluntad de la persona, según se desprenda de tales hechos y circunstancias, y en especial las razones que le llevaron a trasladarse.

2.3.3. Reglas especiales en la aplicación del *principio lex loci laboris*

Como se ha dicho, en un contexto de movilidad transnacional en el trabajo existen determinadas casuísticas que impiden o dificultan la aplicación del criterio rector *lex loci locati* sin matizaciones adaptadas a cada supuesto de hecho. Así, resulta necesario acudir a otras reglas especiales para determinar la legislación que resulta aplicable y a la que el trabajador queda sujeto (art. 12 y ss. del Reglamento 883/2004 y artículos específicos de cada convenio bilateral o multilateral).

En esencia, tanto la normativa de los países miembros como los diversos convenios de Seguridad Social mantienen el mismo criterio y estructura. Por ello, y por proximidad con el contexto y sistema español, se tomará como referencia lo previsto en aquella, con mención expresa a los convenios con terceros países en lo referente a las posibles diferencias o matices, en su caso.

A) Trabajador itinerante

En el caso de los trabajadores itinerantes, es decir, aquellos que se desplazan a otro/s Estado/s por períodos breves de tiempo debido a su ocupación, pero que mantienen su residencia habitual en el país de origen, se estipula que quedan sujetos al sistema de Seguridad Social de la empresa contratante. No a la del lugar de ejecución del contrato o actividad, pues ésta se realiza en tránsito.

Así, los trabajadores al servicio de empresas de transporte internacional como el personal a borde de un buque o una aeronave quedan sujetos a la legislación del país en el que se encuentre ubicada la sede principal de la empresa bajo una adaptación del principio del lugar de trabajo a las peculiaridades de este tipo de movilidad. Aunque con respecto a estos dos últimos conviene hacer algunas matizaciones.

En el caso de los trabajadores que realizan su actividad a bordo de un buque en el mar, tanto el reglamento de coordinación de los países miembros como los convenios bilaterales y multilaterales consideran que la actividad profesional o laboral queda adscrita al sistema de Seguridad Social del país al que pertenece la embarcación. Siempre que se trate de un país parte de estos acuerdos. Ahora bien, en las actividades realizadas por cuenta ajena, si el buque en el que se desarrolla la actividad enarbola el pabellón de un Estado parte, pero la remuneración se recibe por parte de una empresa o una persona que tiene su sede o su domicilio en otro Estado parte, entonces se está sujeto a la legislación de este último Estado, siempre que se resida en él. La razón de ser es que se considera empleador a la empresa o persona que paga la retribución.

Además, algunos convenios bilaterales como el de Chile, Perú, Argentina, Brasil, Cabo Verde o Colombia, entre otros, hacen mención expresa a otro supuesto no descrito en el reglamento de coordinación de los países miembros. Se trata de los trabajadores nacionales y con residencia en una de las partes que prestan servicios en una empresa pesquera mixta constituida en la otra parte y en un buque abanderado en ella. En este caso, se consideran pertenecientes a la empresa participante del país del que son nacionales y en el que residen quedando, por tanto, sujetos a la Seguridad Social de esa parte.

En lo que respecta al personal de vuelo de las compañías de transporte aéreo que desempeña su actividad en el territorio de un Estado parte, como se ha dicho, el principio general es que resulta aplicable la legislación del país en cuyo territorio tiene su sede principal la empresa. Aunque este criterio tan sólo rige en el caso de los convenios bilaterales ya que, en el ámbito de los países miembros, tras la modificación del artículo 11.5. del Reglamento 883/2004 por el Reglamento (UE) 465/2012, de 22 de mayo, por el que se modifican el Reglamento (CE) núm. 883/2004, sobre la coordinación de los sistemas de seguridad social y el Reglamento (CE) núm. 987/2009, por el que se adoptan las normas de aplicación del Reglamento (CE) nº 883/2004, este criterio es sustituido por el de base de operaciones. Es decir, según el lugar asignado por el operador a cada tripulante, en el que habitualmente comienza y termina uno o varios periodos de actividad y donde, en términos generales, el operador no se responsabiliza del alojamiento del tripulante. Por tanto, pilotos y tripulantes de cabina de pasajeros quedan vinculados al sistema de Seguridad Social del país en el que comienzan y terminan habitualmente su actividad, según lo estipulado en tal sentido por el operador, con independencia del Estado donde se haya tramitado el contrato o esté la sede principal de la empresa.

Además, según la STJU, de 19 de mayo de 2022 (asunto c-33/21) planteada por el Istituto nazionale per l'assicurazione contro gli infortuni sul lavoro (INAIL) e Istituto nazionale della previdenza sociale (INPS) contra Ryanair DAC, con respecto al personal de vuelo que desarrolla su jornada de trabajo tanto a bordo de una aeronave como en un espacio destinado a acoger a la tripulación, propiedad de la compañía aérea, sito en otro Estado miembro, el criterio general del lugar de trabajo fijado por el Reglamento 883/2004 ha de ser reinterpretado.

Así, considera que la legislación de Seguridad Social aplicable a este personal de vuelo —que no está cubierto por el certificado E-101 por ser un trabajador desplazado—, cuya ejecución de la jornada de trabajo está distribuida entre la aeronave propiedad de la empresa y un local destinado a acoger a la tripulación denominado «crew room» —en el supuesto planteado está distribución de tiempo es de cuarenta y cinco minutos en este local y el resto de la jornada a borde de una aeronave—, del que dicha compañía aérea dispone en el territorio de otro Estado miembro distinto al del lugar en el que se encuentra ubicada la sede principal de la empresa, y en el que además ese personal de vuelo reside, es la legislación de este último Estado miembro. Es decir, el precepto de lugar de trabajo se interpreta referido al lugar en el que se encuentra ubicado el local de acogida de la tribulación —en este supuesto de hecho Italia frente a Irlanda—.

Esta postura se encuentra en línea con la ya fijada en otra sentencia previa (STJUE 14 de septiembre de 2017 (asuntos c-168/16 y 169/16, Nogueira), que además es traídas a colación en esta del año 2022, en la que quedó determinado que «una persona que forme parte del personal de vuelo de una compañía aérea que realice vuelos internacionales y que esté empleada por una sucursal o por una representación permanente que dicha empresa posea en el territorio de un Estado miembro distinto de aquel en que tenga su sede estará sometida a la legislación del Estado miembro en cuyo territorio se encuentre esta sucursal o representación permanente». En este supuesto de hecho, también a propósito de Ryanair, Bélgica frente a Irlanda, por ser éste el país de ubicación de la sucursal de contratación[38].

38. Acerca de la determinación del lugar de trabajo y la legislación aplicable a este colectivo resulta interesante consultar HERNÁNDEZ RODRÍGUEZ, A. «Personal de vuelo de las compañías aéreas: tribunal internacionalmente competente en materia de contrato individual de trabajo. (Algunas reflexiones en torno a la STJUE 14 septiembre 2017 asuntos acumulados Crewlink y Ryanair». *Cuadernos de derecho transnacional*, vol. 10, núm. 2, 2018, pp. 852-865; LÓPEZ JIMÉNEZ, J. L. «Las cláusulas de atribución de competencia en los contratos individuales de trabajo en Europa y España. el supuesto de las aerolíneas de bajo coste». *Revista de Estudios Europeos*, núm. 75, 2020, pp. 152-164; MARTÍN-POZUELO LÓPEZ, A. «La determinación de la legislación de seguridad social aplicable al personal de vuelo», en AAVV. *Jurisprudencia social a debate*, Sala Franco, T. (dir.), Valencia, Tirant lo Blanch, 2023, pp. 207-212; RODRÍGUEZ ROMERO, R. M. «Trabajadores aéreos en el ámbito comunitario y su protección frente al dumping social intracomunitario». *Revista General de Derecho del Trabajo y de la Seguridad Social*, núm. 47, 2017.

B) Trabajador desplazado

Tal y como ya se indicó, el término trabajador desplazado no hace referencia al desplazamiento que un trabajador realiza para ser contratado e iniciar una actividad profesional o laboral en un país distinto de aquél en el que viene trabajando o residiendo, sino que responde a la situación en la que el desplazamiento se produce para ejecutar la actividad que ya se tiene, además de manera temporal.

Pues bien, en lo que respecta a la determinación de la legislación que resulta aplicable, nos encontramos ante un supuesto especial con respecto al principio rector de que los trabajadores —tanto por cuenta ajena como por cuenta propia— están sometidos al sistema de Seguridad Social del lugar de trabajo. Esto, debido a que a pesar de producirse un desplazamiento a otro país para ejercer en él la actividad, no se causa baja en el sistema de Seguridad Social del país de origen, sino que se sigue vinculado a él mediante una situación asimilada a la del alta. Todo ello, con independencia de la nacionalidad del trabajador desplazado y siempre que la duración previsible de dicho desplazamiento no exceda del tiempo máximo estipulado por la normativa de coordinación que resulte de aplicación, según los países de origen y destino, y que el desplazamiento no se produzca en sustitución de otra persona cuyo período de desplazamiento máximo haya concluido[39].

Con respecto a los desplazamientos producidos con países terceros, hay que mencionar que la mayoría de los convenios de Seguridad Social cuentan con un sistema similar al descrito, a excepción de los suscritos con México y Australia. En el caso de México, se establece la posibilidad de que los trabajadores opten por el sometimiento al régimen de Seguridad Social del país de destino. En el convenio con Australia se prevé un sistema más restrictivo pues, tan sólo prevé este régimen de mantenimiento con el sistema de Seguridad Social de origen para los desplazamientos desde España, pero no al contrario.

Además, es preciso apuntar que en algunos convenios la posibilidad de acogerse al régimen de trabajador desplazado previsto en ellos se regula con carácter más limitado. Esto, como consecuencia de que, en lugar de

39. Artículo 11.3. Reglamento 883/2004 y Decisión núm. A2, de 12 de junio de 2009, relativa a la interpretación del artículo 12 del Reglamento 883/2004 del Parlamento Europeo y del Consejo, sobre la legislación aplicable a los trabajadores desplazados. Acerca de esta figura jurídica, los requisitos y consecuencias en materia de Seguridad Social véase, DESDENTADO BONETE, A. «Trabajadores desplazados y trabajadores fronterizos en la Seguridad Social Europea: del Reglamento 1408/1971 al Reglamento 883/2004». *Revista del Ministerio de Trabajo y Asuntos Sociales*, núm. 64/2006, pp. 19-33.

regularse de manera genérica para todos los trabajadores, con independencia del sector de actividad, hacen mención específica a que el desplazamiento sea realizado para el desarrollo de determinadas actividades. Es el caso del convenio con Argentina, Paraguay y Uruguay, que hablan del desplazamiento de trabajadores que desempeñen tareas de investigación, científicas, técnicas, de dirección o actividades similares. Asimismo, de trabajadores que presten servicios de carácter complementario o auxiliar de los anteriores.

Junto a este régimen, en todos los convenios se regula también otro particular para determinados tipos de personal desplazado como el diplomático (Misiones Diplomáticas y Oficinas Consulares), el personal auxiliar del mismo, funcionarios públicos y personas enviadas en misiones de cooperación. Aunque, por tratarse de supuestos minoritarios, no se hará mayor referencia a ellos.

En cuanto al tiempo máximo fijado para estos desplazamientos, en el caso de los países miembros, el tiempo máximo fijado es de veinticuatro meses. Con respecto a los convenios con terceros países, el criterio difiere entre unos y otros. Además, en ambos casos, si una vez agotado este tiempo, por circunstancias imprevisibles se considera que es preciso alargar dicho período, de manera temporal, se prevé la posibilidad de solicitar una prórroga —esta posibilidad no se regula en todos los convenios con países terceros—, cuya concesión depende de la autoridad competente del país de destino. Aunque en algunos convenios se exige el acuerdo de ambos Estados.

El régimen estipulado en los instrumentos de coordinación de los distintos sistemas de Seguridad Social en materia de duración y prórroga es:

NORMATIVA DE PAÍSES MIEMBROS				
TRABAJADOR POR CUENTA AJENA Y PROPIA: 24 MESES				
CONVENIOS BILATERALES Y MULTILATERALES				
	DESPLAZAMIENTO INICIAL		PRÓRROGAS	
	PERÍODO MÁXIMO (AÑOS)		PERÍODO MÁXIMO (AÑOS)	
PAÍSES	C. AJENA	C. PROPIA	C. AJENA	C. PROPIA
Andorra	2	1	3	1
Argentina	2	2	S/D	S/D
Australia	5	5	S/D	S/D
Brasil	3	2	2	S/D
Canadá	5	-	S/D	-
Cabo Verde	3	3	1	1
Chile	3	3	2	2
China	6	-	S/D	-
Colombia	3	3	3	3
Corea	5	5	S/D	S/D
R. Dominicana	3	3	2	2
Ecuador	3	3	2	2
Estados Unidos	5	-	1	-
Filipinas	5	2	-	-
Japón	5	5	S/D	S/D
Marruecos	3	-	S/D	-
México	2	2	2	2

NORMATIVA DE PAÍSES MIEMBROS				
TRABAJADOR POR CUENTA AJENA Y PROPIA: 24 MESES				
CONVENIOS BILATERALES Y MULTILATERALES				
	DESPLAZAMIENTO INICIAL		PRÓRROGAS	
	PERÍODO MÁXIMO (AÑOS)		PERÍODO MÁXIMO (AÑOS)	
PAÍSES	C. AJENA	C. PROPIA	C. AJENA	C. PROPIA
Paraguay	2	2	S/D	S/D
Perú	2	2	1	1
Rusia	5	-	S/D	-
Túnez	2	-	2	-
Ucrania	2	2	2	2
Uruguay	2	-	S/D	-
Venezuela	2	-	1	-
Senegal	5	5	3	3
C. UE y Reino Unido	2	-	2	-
C.M. Europeo	1	-	S/D	-
C.M. Iberoamericano				
Bolivia	1	1	1	-
Chile	1	1	1	-
El Salvador	1	1	1	-
Uruguay	-	1	-	-

S/D: sin determinar: el período no está recogido en el convenio.

Fuente: elaboración propia a partir de los datos obtenidos de la normativa de Seguridad Social y modelo TA-300.

En cuanto a su cómputo, es preciso tener en cuenta una serie de consideraciones. La primera es que la breve interrupción de las actividades en la empresa situada en el país de envío por motivos como las vacaciones, enfermedad, formación en la empresa que lo envía, etc., no constituye una interrupción de dicho período.

No obstante, todos los convenios bilaterales y multilaterales —salvo Filipinas y Venezuela— prevén la posibilidad de que ambos Estados establezcan excepciones en materia de legislación aplicable para un supuesto en concreto o colectivo de trabajadores. Es el caso, por ejemplo, del Convenio de Seguridad Social entre España y Ecuador, cuyo artículo 8.2. establece que «las autoridades competentes de ambas partes contratantes o los organismos e instituciones designados por ellas podrán, de común acuerdo, establecer otras excepciones o modificar las previstas en los apartados anteriores».

En cualquier caso, para que este supuesto de movilidad genere los efectos jurídicos que le son propios ha de contarse con la autorización de la autoridad competente del Estado de origen, cuya solicitud, en el caso español, se realiza ante la Dirección Provincial de la Tesorería General de la Seguridad Social —de ahora en adelante TGSS—. El modelo de solicitud es el TA300 «Solicitud de información sobre la legislación de Seguridad Social aplicable» —en el caso de que el desplazamiento se produzca fuera del ámbito de los países miembros es preciso acompañar también otro formulario de solicitud, cuya denominación depende del lugar de destino—. Tras esto, la TGSS emite un formulario en el que certifica que el trabajador —por cuenta ajena o por cuenta propia— continúa sometido a la legislación española de Seguridad Social durante su desplazamiento al otro país[40].

Además, en el ámbito de los países miembros es preciso tener en cuenta que, en los casos de envíos sucesivos de un trabajador a varios Estados miembros, se considera que en cada uno de ellos se produce un nuevo envío que exige autorización. La única limitación a este respecto es que entre uno y otro exista un período mínimo de tiempo de dos meses. Es decir, cuando un trabajador finaliza un período de desplazamiento no puede autorizarse otro hasta que no haya transcurrido este plazo mínimo. Aunque esta limi-

40. Acerca del valor del certificado E-101 para trabajadores desplazados, su fuerza probatoria y los límites establecidos a las autoridades nacionales del país de acogida para cuestionar la validez de dicho documento véase la STJUE, de 27 de abril de 2017 (c-620/15, A-Rosa Flusschiff).

tación sólo opera con respecto a la misma empresa y Estado miembro y admite excepciones ante determinadas circunstancias.

Igualmente, otro aspecto a considerar es que tanto la normativa de los países miembros como la mayoría de los convenios establecen la limitación de que la autorización de desplazamiento queda supeditada a que el desplazamiento no se realice en sustitución de otra persona cuyo período de desplazamiento haya sido agotado. El objetivo de esta limitación es claro. Impedir el dumping social y la elusión intencionada de la aplicación del principio *lex loci laboris*. De esta manera, se introduce una limitación que resulta más que acertada, pero que, a la vez, choca y parece contradictoria con el escaso tiempo que la normativa de los países miembros exige entre los desplazamientos sucesivos de un trabajador a varios Estados miembros ya que, en la práctica, ocasiona que los límites temporales máximos previstos para estos desplazamientos transnacionales queden vacíos de contenido[41].

Así, por ejemplo, en un contexto de movilidad con Estados Unidos, un trabajador por cuenta ajena de una empresa española que es desplazado temporalmente para trabajar en dicho territorio, con respecto al sistema español se encuentra en una situación asimilada al alta como trabajador desplazado. Esta condición implica un régimen de cotización a la Seguridad Social española hasta un máximo de 5 años, prorrogable por un año más previo acuerdo entre empleador y trabajador con la conformidad de la Tesorería General de la Seguridad Social. Pasados estos periodos si se continúa ejerciendo la actividad en EEUU se pierde tal condición de desplazado y, por tanto, se causa baja en el sistema español y se empieza a cotizar en el sistema norteamericano. Sin embargo, si el trabajador es contratado por una empresa estadounidense para trabajar en dicho territorio, se trata de un supuesto distinto que queda regido desde su inicio por la legislación y cotización al sistema de Seguridad Social norteamericano. O, al menos, este es el supuesto genérico pues, tal y como se verá en las siguientes páginas, desde el 1 de noviembre de 2023 para los trabajadores por cuenta ajena es posible ampliar la sujeción al sistema de Seguridad Social español durante más tiempo.

Por tanto, la regulación de estos desplazamientos, al contrario de lo que ocurre en el régimen laboral, «es una excepción a partir de la cual se permite que en los casos de realización de un trabajo temporal en otro país no se

41. GALA DURÁN, C. «La portabilidad de derechos en el marco de la movilidad internacional de trabajadores». *Revista documentación Laboral*, núm. 118, vol. 3, 2019, p. 90.

apliquen las normas de Seguridad Social de éste, sino las normas del país de procedencia o de origen»[42].

La razón de ser de esta diferencia entre el orden laboral y el de Seguridad Social es que, en la medida en que la norma de Seguridad Social es de formación de derechos a lo largo del tiempo —al contrario que la laboral, que se agota en el momento de la ejecución del contrato—, esta excepcionalidad que permite a los trabajadores continuar vinculados al sistema de Seguridad Social de su país de origen facilita la libre circulación trabajadores. Además de evitar complicaciones de tipo administrativo[43].

Pues bien, precisamente en esta línea se encuentran las directrices estipuladas por la Orden Ministerial ISM/835/2023, de 20 de julio, por la que se regula la situación asimilada a la de alta en el sistema de la Seguridad Social de las personas trabajadoras desplazadas al extranjero al servicio de empresas que ejercen sus actividades en territorio español, que deroga a la Orden Ministerial de 27 de enero de 1982. Esta norma, con entrada en vigor el 1 de noviembre de 2023, establece una serie de reglas a efectos de determinar la sujeción al sistema de Seguridad Social de esta categoría de trabajadores mediante la fórmula de la situación asimilada al alta, de acuerdo con el contexto actual. Aunque tan sólo con respecto a los trabajadores por cuenta ajena.

Según esta orden, en este contexto son situaciones asimiladas al alta:

- El desplazamiento a un país en el que no resulte aplicable un instrumento internacional de coordinación de los sistemas de Seguridad Social.
- El desplazamiento a un país en el que, aun siendo aplicable un instrumento internacional de coordinación en materia de Seguridad Social, las personas trabajadoras desplazadas no se encuentren dentro de su ámbito de aplicación subjetivo como consecuencia de la nacionalidad, por referirse este instrumento sólo a personas nacionales de cada una de las partes.
- El desplazamiento a un país en el que resulte aplicable un instrumento internacional en materia de coordinación de la Seguridad Social que prevea la aplicación de la legislación de Seguridad Social

42. *Ibidem*, p. 20.
43. DESDENTADO BONETE, A. «Trabajadores desplazados y trabajadores fronterizos en la Seguridad Social europea: del Reglamento 1408/1971 al Reglamento 883/2004». *Revista del Ministerio de Trabajo y Asuntos Sociales: Revista del Ministerio de Trabajo e Inmigración*, núm. 64, 2006, p. 19.

del país de origen durante dicho desplazamiento, una vez agotado el período máximo de duración previsto para el mismo, incluidas las prórrogas que se hubieran autorizado, en caso de que estas se contemplen en el respectivo instrumento internacional.

- El desplazamiento a un país en el que, aun siendo aplicable un instrumento internacional en materia de coordinación de los sistemas de Seguridad Social, no se prevea el desplazamiento de trabajadores o trabajadoras por sus empresas al territorio de la otra parte.

Pues bien, con respecto al sistema de Seguridad Social español, se estipula que en los dos primeros supuestos continua la obligación de cotizar, tanto por parte de la empresa como de las personas trabajadoras desplazadas, mientras se permanezca en el país de destino y se mantenga la relación laboral con la empresa.

Con respecto a los dos últimos supuestos se contempla la posibilidad de que estos trabajadores desplazados voluntariamente continúen sujetos a la legislación española. En el primer caso, una vez agotado el período máximo de desplazamiento previsto en el respectivo instrumento internacional, incluida la prórroga que se hubiera autorizado, en su caso, y en el segundo, incluso aunque el convenio de coordinación existente no contemple la movilidad como trabajador desplazado.

La finalidad es evitar que estos trabajadores se vean obligados a desvincularse del sistema español y queden sujetos tan sólo al sistema del país al que han sido desplazados, ya que se considera que esta circunstancia en muchos casos desincentiva la movilidad, especialmente cuando se trata de trabajadores que se encuentran en una etapa de la vida laboral cercana a la jubilación.

En los últimos supuestos de sujeción voluntaria al sistema español, los trabajadores y las empresas deben formalizar por escrito, de forma conjunta y en el modelo oficial, un acuerdo para la aplicación de esta legislación, con independencia de la aplicación obligatoria de la legislación del país de desplazamiento que, en su caso, pueda proceder. Por tanto, la novedad radica en que en aquellos casos en los que la normativa del país de destino exija la sujeción a dicho sistema, se pueda optar por mantener la sujeción al sistema español.

Esta posibilidad se encuentra en línea con algo que, en la práctica, ha venido siendo objeto de negociación entre empresa y trabajador pues, entre el contenido del acuerdo de las condiciones de trabajo asociadas al desplazamiento, en ocasiones se ha incluido una mejora de los criterios básicos del régimen de trabajador desplazado mencionados, a cargo de la empresa. Es decir, ha venido siendo habitual que, junto a ciertos beneficios como unas elevadas retribuciones, vivienda, automóviles, acceso a sanidad privada, viajes pagados, vacaciones más largas o compromisos de empleo para el cónyuge, entre otros, se haya incluido el compromiso de sujeción del trabajador al sistema de Seguridad Social de origen más allá del tiempo máximo fijado para esta figura y para todas las contingencias. La técnica que usualmente se ha venido utilizando ha sido la «nómina espejo». Es decir, la generación de una nómina en la empresa de origen o el mantenimiento de al menos una parte de la remuneración, a los efectos de seguir cotizando en este sistema de Seguridad Social[44]. Aunque es preciso mencionar que la existencia y contenido de estos acuerdos ha venido dependiendo y depende de diversos factores como el país de destino, el tipo y/o tamaño de la empresa o la categoría profesional del trabajador. De hecho, el perfil de estos desplazamientos ha cambiado con respecto al origen de esta figura, desde los trabajadores cualificados que se trasladaban para obtener mejores condiciones laborales hasta otros perfiles con peores condiciones que incluso en épocas de crisis económica fueron trasladados como alternativa al despido[45].

Luego, ante estos supuestos de movilidad es preciso analizar varios aspectos como la duración del desplazamiento, la continuidad del vínculo laboral y/o la existencia de posibles convenios bilaterales o multilaterales según los países de origen y destino, que determinan el concreto régimen jurídico a aplicar. En definitiva, prestar atención a aquellos elementos que constituyen la calificación del desplazamiento como un supuesto de trabajador desplazado pues, tal y como ya se ha dicho, las fronteras con otros tipos de movilidad no resultan claras, dando lugar a las llamadas «zonas grises».

A modo de ejemplo, el supuesto de hecho objeto de la STJUE, de 2 de abril de 2020 (asuntos c-370/17 y c-37/18), nuevamente a propósito de una compañía aérea. En este caso Vueling. El conflicto jurídico tuvo su origen cuando en el año 2008 la Inspección de Trabajo francesa en materia de transportes levantó acta de infracción contra esta compañía aérea por trabajo encubierto. Consideró que la empresa había incumplido la normativa francesa al no haber dado de alta en su Seguridad Social a todo el personal que prestaba servicios en el aeropuerto de Roissy —Charles de Gaulle—, donde disponía de una base de operaciones. Concretamente, concluyó que

44. RODRÍGUEZ-PIÑERO ROYO, M. «La movilidad internacional de trabajadores: aspectos generales y supuestos de movilidad internacional...» ob. cit. p. 29.

45. GALA DURÁN, C. «La portabilidad de derechos en el marco de la movilidad internacional de trabajadores...» ob. cit. p. 91.

aquellos trabajadores que la empresa consideraba como desplazados, desde España a Francia, con certificados E-101 expedidos por la TGSS española, no se ajustaban a tal calificación y, por tanto, debían de estar enmarcados en el sistema francés.

C) Ejercicio habitual de actividades en dos o más Estados

Con respecto a los trabajadores que normalmente ejercen la actividad profesional o laboral en dos o más países se establecen también unas normas específicas. Esto, en el caso de la normativa de coordinación de los países miembros (art. 13) y en el Acuerdo entre la Unión Europea y Reino Unido (art. SSC.12), cuyos criterios resultan similares. En el resto de las normativas no se regula ninguna disposición específica a este respecto.

El primer aspecto a tener en cuenta es la concreción del término relativo al ejercicio normal de la actividad en dos o más Estados. El Reglamento 987/2009, que como ya se ha dicho, sirve para interpretar las disposiciones previstas en el reglamento de base, es decir, el 883/2004, aclara que se encuentran en este régimen aquellas personas que normalmente desarrollan una o varias actividades profesionales en dos o más Estados miembros en régimen de ajenidad o por cuenta propia, ya sea de manera simultánea o alternativa, con independencia de la naturaleza de esta actividad (art. 14.5 y 6).

Además, en el caso de los trabajadores por cuenta ajena, con independencia de la duración y naturaleza de la segunda actividad que se realiza en régimen de simultaneidad y de la frecuencia o regularidad de la actividad desarrollada en términos de alternancia, exceptuándose a estos efectos las actividades de carácter marginal.

No obstante, a efectos de diferenciar esta figura con la del trabajador desplazado, la normativa estipula que resulta decisiva la duración de la actividad en uno o más Estados miembros distintos —tanto si es de carácter permanente como de carácter específico o temporal—. Esto, junto con una evaluación general de todos los hechos pertinentes, con especial atención al lugar de trabajo definido en el contrato de trabajo de los trabajadores por cuenta ajena (art. 14.7).

Pues bien, una vez definido este marco conceptual y, en línea con su contenido, el criterio para determinar la legislación que resulta aplicable se articula en función del régimen de ajenidad o autonomía del trabajador. Incluyendo la diferenciación entre la situación de pluriempleo y pluriactividad.

a) Pluriempleo

Se establecen dos criterios alternativos cuyos elementos delimitadores son el lugar en el que se ejercita una parte sustancial de la actividad en relación con el país de residencia; y el lugar en el que se encuentra la sede o domicilio del empleador o el centro de interés de las actividades de los trabajadores por cuenta ajena o por cuenta propia, respectivamente. Así (art. 13 Reglamento 883/2004):

- El trabajador por cuenta ajena queda sujeto a:
  - La legislación del Estado miembro de residencia, siempre que ejerza una parte sustancial de su actividad en dicho Estado miembro o dependa de varias empresas o empresarios que tengan su sede o su domicilio en diferentes Estados miembros,
  - La legislación del Estado de residencia, aún sin ejercer una actividad sustancial en él, cuando se ejerza la actividad asalariada en dos o más Estados miembros por cuenta de un empleador establecido fuera del territorio de la Unión (art. 14.11. Reglamento 987/2009), o
  - La legislación del Estado miembro en el que la empresa o el empresario que la ocupa principalmente tenga su sede o su domicilio, siempre que dicha persona no ejerza una parte sustancial de sus actividades en el Estado miembro de residencia.
- El trabajador por cuenta propia queda sujeto a:
  - La legislación del Estado miembro de residencia, si ejerce una parte sustancial de su actividad en dicho Estado miembro, o
  - La legislación del Estado miembro en el que se encuentra el centro de interés de sus actividades, si no reside en uno de los Estados miembros en los que ejerce una parte sustancial de su actividad.

Esto, teniendo en cuenta que se considera que una actividad se desarrolla en un Estado en términos de sustancialidad cuando se ejerce en él una parte cuantitativamente importante del conjunto de las actividades realizadas por cuenta propia o ajena, sin que se trate necesariamente de la mayor parte de esas actividades (art. 14.8-10. Reglamento 987/2009). Luego, la cuestión radica en determinar la actividad qué es considerada como tal, a cuyos efectos existen unos criterios que han de ser tomados de referencia a lo largo de los doce meses civiles siguientes. Estos criterios son:

- En las actividades asalariadas, el tiempo de trabajo o la remuneración.
- En las actividades por cuenta propia, el volumen de negocio, el tiempo de trabajo, el número de servicios prestados o los ingresos.

Pues bien, se considera que una actividad es ejercida de manera sustancial en el Estado de residencia cuando tras una evaluación global de estos criterios se alcanza el 25%. Ello, a pesar de las dificultades interpretativas que esta regla puede implicar.

Además, para el caso del criterio alternativo del trabajador por cuenta propia, es decir, el relativo al centro de interés de sus actividades, se han de tener en cuenta todos los aspectos relacionados con sus actividades profesionales. En particular, el lugar donde se encuentra la sede fija y permanente, el carácter habitual o la duración de su ejercicio, el número de servicios prestados y la voluntad del interesado.

b) Pluriactividad

Para los casos de pluriactividad en diferentes Estados miembros, se aplica la regla de la ajenidad. Es decir, se estipula que la legislación que resulta aplicable es la del Estado miembro en el que se ejerza la actividad por cuenta ajena. Si fuesen varios los Estados en los que la actividad es ejercida, entonces se aplican los criterios ya descritos aplicables a los trabajadores por cuenta ajena que desarrollan la actividad en dos o más Estado miembros sin régimen de pluriactividad.

Todo lo anterior, teniendo en cuenta que, una vez determinada la legislación que resulte aplicable, las distintas actividades e ingresos son consideradas como si se ejercieran o percibiesen, respectivamente, en su totalidad en el Estado miembro de que se trate.

D) Teletrabajador transfronterizo

Con respecto a los teletrabajadores transfronterizos la determinación de la legislación aplicable ha venido resultando aún más compleja que en los casos anteriores. Especialmente durante la pandemia, cuando esta modalidad de trabajo irrumpió en prácticamente todos los sectores profesionales y países, sin que existiese una regulación específica al respecto. De hecho, no ha sido hasta el 1 de julio de 2023, fecha en la que entró en vigor el Acuerdo marco relativo a la aplicación del apartado 1 del artículo 16 del Reglamento (CE) núm. 883/2004 en los casos de teletrabajo transfronterizo habitual, cuando se ha regulado este supuesto de movilidad.

Todo ello, además, con la problemática añadida de que, si en el caso de la actividad presencial la concreción del lugar de trabajo a efectos de determinar la legislación aplicable no genera problemática alguna de tipo interpretativo, distinta es la situación con respecto a esta forma de ejecutar la actividad. Así, se vino suscitando la duda interpretativa acerca de si el lugar de desarrollo de la actividad y ejecución del contrato de trabajo debía ser entendido como el lugar de ubicación de la sede principal del empleador o centro de trabajo o como el lugar desde el que el trabajador teletrabajaba. Es decir, su domicilio ubicado en un país distinto al del empleador o centro de trabajo. A modo de ejemplo, si el gran número de extranjeros que durante la pandemia se trasladó a las Islas Canarias para continuar ejecutando la actividad profesional o laboral desde allí de manera telemática, quedaban sujetos al sistema de Seguridad Social del país en el que se encontraba la empresa o empleador para el que trabajaban bajo una reinterpretación del principio *lex loci laboris* o, por el contrario, debían de cotizar al sistema español, por ser éste el país desde el que teletrabajan y ejecutaban la actividad.

Atendiendo a lo dispuesto por el Tribunal de Justicia de la Unión Europea con respecto al trabajo presencial y la aplicación de la norma multi-Estado, podía intuirse el criterio básico que finalmente ha sido adoptado por el señalado acuerdo marco, tal y como se verá en las próximas páginas. Este tribunal considera que ha de entenderse como lugar de cumplimiento de las obligaciones contractuales y lugar habitual de trabajo a «la ubicación física desde la que el trabajador realiza de forma rutinaria las tareas que tiene encomendadas, con independencia de que pueda desplazarse puntualmente a otros lugares»[46]. O, en otras palabras, como el lugar donde en términos prácticos el trabajador lleva a cabo las acciones vinculadas con la actividad profesional[47]. Es decir, el lugar desde el que el trabajador físicamente se conecta a internet, teclea y teletrabaja.

Igualmente, si se toma en consideración lo dispuesto por la citada Ley Startups española a efectos del visado de los teletrabajadores internacionales procedentes de terceros países, ya que señala que el pasaporte sirve de documento acreditativo para darse de alta en la Seguridad Social durante los primeros seis meses de residencia o estancia. Así, parece deducirse que la conexión a efectos de Seguridad Social ha de ser con respecto al sistema español.

Ante las dudas suscitadas en el contexto pandémico acerca de la legislación de Seguridad Social a la que tenían que acogerse estos teletrabaja-

46. STJUE, de 13 de julio de 1993 (c-125/92, Mulox IBC Ltd contra Hendrick Geels).
47. STJUE, de 27 de septiembre de 2012 (c-137/11, Paterna).

dores transfronterizos, la Comisión Europea reaccionó rápidamente y, en marzo de 2020, recomendó el uso de acuerdos entre los distintos Estados miembros —tanto individuales como grupales— *ex* artículo 16 del Reglamento 883/2004 para evitar el cambio de la legislación. Todo ello, en beneficio de estos teletrabajadores transfronterizos[48].

En esta misma línea, la nota orientativa adoptada por la Comisión Administrativa para la coordinación de la Seguridad Social —CACSS— que, a través del Acuerdo de no impacto por Covid-19 indicó que, bajo la premisa del supuesto de fuerza mayor por razones sanitarias, los trabajadores que hubieran modificado su forma de ejecutar la actividad desde el trabajo presencial hacia el teletrabajo debían mantener la misma legislación de Seguridad Social que la que les resultase aplicable antes de la pandemia[49]. De este modo, ante la ausencia de una norma ad-hoc, la postura fue la interpretación flexible de las normas de conflicto del reglamento de coordinación en consonancia con la regla básica del lugar de trabajo prevista para los trabajos presenciales (art. 11 del Reglamento 883/2004), aunque este caso, aplicable a un modelo virtual.

Tras ello, la Nota Orientativa núm. 125, de 13 mayo de 2022, revisada en junio del mismo año, con una vigencia inicial hasta el 31 de diciembre de 2022 y prorrogada hasta el 30 de junio de 2023, continuó con el espíritu anterior y mantuvo como criterio básico y rector al lugar de trabajo entendido como el de ubicación del empleador o el centro de trabajo, aunque previendo la posibilidad de aplicar excepciones. Si bien, de manera restrictiva, ya que lo contrario podría haber dado lugar a que en muchos casos el empleador hubiera podido escoger libremente las condiciones de Seguridad Social que le hubiesen resultado más favorables en detrimento del trabajador[50]. Así, se preveían como excepciones la aplicación de la norma de desplazamiento temporal al teletrabajo ocasional o no habitual, a acreditar

48. COMISIÓN EUROPEA. Directrices relativas al ejercicio de la libre circulación de los trabajadores (2020/C 102 I/03). Disponible en: eur-lex.europa.eu/legal-content/ES/TXT/PDF/?uri=CELEX:52020XC0330(03)&from=ES. Consultado: 13 de junio de 2023.

49. Esta institución está vinculada a la Comisión Europea e integrada por los representantes del Gobierno de cada Estado miembro, asistidos por consejeros técnicos vinculados a las Instituciones de Seguridad Social, en su caso (art. 71 y 72 Reglamento 883/2004). Información disponible en: https://ec.europa.eu/social/BlobServlet?docId=26238&la ngId=en, pp. 33-37. Consultado: 13 de junio de 2023.

50. OCÁRIZ, M. y LETE MURUGARREN, A. «Perspectiva internacional del teletrabajo. Nuevas formas de trabajo de la sociedad de la información». *Ministerio de Trabajo e Inmigración*, 2001, p. 29. A este respecto véase, SANGUINETI RAYMOND, W. «El derecho del trabajo frente al desafío de la transnacionalización del empleo: teletrabajo, nuevas tecnologías y dumping social». *Revista valenciana de economía hacienda*, núm. 13, 2005, pp. 107-134.

mediante un certificado A1 del país competente (art. 12 Reglamento 883/2004) y la norma multi-Estado para el teletrabajo habitual híbrido (art. 13 Reglamento 883/2004).

Es importante señalar que la aplicación de estas notas no se encontró exenta de problemáticas de tipo práctico como consecuencia de diversos motivos. El primero de ellos, como consecuencia de su condición de norma *soft law,* que supuso que tan sólo resultara aplicable a los países que consensuaron su aplicación. De hecho, en el ámbito de los países miembros, Bélgica, Hungría y Suecia quedaron al margen.

Otra de las cuestiones a mencionar es que estas notas estaban dirigidas a regular tan sólo la situación respecto de los teletrabajadores por cuenta ajena. Dejaba, por tanto, fuera de su ámbito a los teletrabajadores autónomos. Aun a pesar de que, como ya se dijo, durante el contexto pandémico conformaban la mayoría del fenómeno del nomadismo digital. Recuérdese que, según los datos estadísticos ya indicados en el capítulo anterior, el mayor porcentaje de ellos trabajaban por cuenta propia (79%) y tan sólo el 21% lo hacía como empleado de otra empresa[51].

Con todo, la problemática sustancial vino derivada del hecho de que los criterios indicados se fundamentaban sobre una base jurídica conceptualmente prevista para la casuística del trabajo presencial y no para el virtual. Por ejemplo, en el caso de los trabajadores por cuenta ajena desplazados se exige que esta movilidad se produzca a instancias del empresario. Sin embargo, en el caso del teletrabajo este desplazamiento transfronterizo puede venir motivado por el propio trabajador sin mayor decisión empresarial que la de limitarse a permitir el teletrabajo desde el extranjero. Además, en los supuestos de teletrabajo ocasional como el llamado teleworkation, el cómputo del tiempo del desplazamiento tampoco resultaba claro[52]. Aunque más allá de esto, el principal obstáculo en su aplicación se produjo como consecuencia de que no todos los países miembros coincidían en interpretar esta situación de teletrabajo durante la pandemia como un supuesto de teletrabajo no habitual. Entre ellos, España, que con respecto al ejemplo señalado del gran número de extranjeros que se trasladaron a las Islas Canarias para teletrabajar desde allí,

51. MARTIN GALLARDO, A. *Estadísticas y tendencias sobre nómadas digitales...ob. cit.*
52. CARRASCOSA BERMEJO, D. «Seguridad Social en el teletrabajo internacional post-pandémico y en el caso específico del nomadismo digital...», ob. cit. p. 77.

consideraba que tal situación se trataba de un cambio del lugar de trabajo que debía conducir a un cambio de normativa de Seguridad Social[53].

Con respecto al teletrabajo híbrido y la aplicación de la normativa multi-Estado según lo dispuesto por la nota núm. 125, cabe señalar que la Comisión indicó que su aplicación debía de realizarse bajo una interpretación flexible de los criterios que permiten determinar el carácter sustancial de la actividad realizada en la modalidad de teletrabajo desde el domicilio situado en un país distinto al de ubicación del empleador o centro de trabajo, dirigida a mantener la legislación aplicable antes de la entrada en vigor a esta nota. El objetivo era evitar el cambio de legislación que una interpretación estricta del artículo 13 del reglamento de base hubiese conllevado dependiendo del momento concreto en el que se hubiese aplicado.

Recuérdese que esta modalidad de teletrabajo es, por ejemplo, la de un trabajador que alterna las semanas de trabajo presencial en un centro de trabajo sito en Francia con el teletrabajo desde su domicilio en España. Pues bien, ante un supuesto de modificación del régimen de desarrollo de la actividad, de presencial a teletrabajo híbrido como consecuencia de la pandemia, una interpretación rígida habría implicado una variación de la legislación aplicable según dos momentos temporales. El primero, desde el inicio de la pandemia y hasta la entrada en vigor de la nota número 125, en el que bajo lo dispuesto por el acuerdo de no impacto por covid-19 la legislación aplicable habría sido la que ya se estuviera aplicando con anterioridad, es decir, la francesa, por ser el lugar de ubicación del centro de trabajo. Sin embargo, a partir de la entrada en vigor de esta nota 125 el mantenimiento de la normativa francesa o la aplicación de la española hubiese venido determinado por la consideración o no del carácter sustancial del teletrabajo realizado desde España. Es decir, habría que haber analizado si el trabajo realizado durante semanas alternas desde el domicilio sito en España cabía ser considerado como una parte cuantitativamente importante con respecto a la globalidad del trabajo realizado para la empresa francesa, según el porcentaje de sustancialidad del 25% que fija el artículo 13. Así, si del análisis de parámetros de trabajo como el tiempo o la remuneración, se hubiese obtenido un porcentaje inferior se habría seguido aplicando la normativa francesa, mientras que si el resultado hubiese sido igual o superior se habría producido un cambio a la legislación española.

53. CARRASCOSA BERMEJO, D. «Teletrabajo internacional y legislación de Seguridad Social aplicable: estado de la cuestión y perspectivas en los Reglamentos de coordinación de la UE». *Revista Internacional y Comparada de relaciones laborales y derecho del empleo*, vol. 10, núm. 2, abril-junio de 2022, p. 236.

Como crítica a esta solución provisional hay que indicar que, en lugar de esta mera indicación a la interpretación flexible por parte de las instituciones competentes de los distintos países miembros, quizás hubiese sido más conveniente haber aumentado el porcentaje de determinación de esta sustancialidad, tal y como hicieron algunos países como Alemania con Austria y Dinamarca con Suecia, que la aumentaron de un 25% a un 40-50%[54]. Una solución que resulta bastante razonable y menos compleja en su aplicación práctica que la propuesta. De hecho, tal y como se verá en las siguientes páginas, es el criterio que se ha adoptado en el nuevo acuerdo marco de teletrabajo transfronterizo.

No obstante, la nota contemplaba la posibilidad de que los Estados firmasen entre ellos acuerdos bilaterales o incluso multilaterales —tanto individuales como grupales— *ex* artículo 16 del reglamento de coordinación de 2004, en beneficio del trabajador, incluso con carácter retroactivo. Aunque, su aplicación a cada caso concreto dependía de si la/s persona/s afectada/s consentía/n en su aplicación. Así, si ante un acuerdo colectivo un trabajador no hubiese estado de acuerdo, tenía la posibilidad de manifestar la voluntad de quedar exento de su aplicación y solicitar la aplicación rigurosa de la normativa prevista por el reglamento de base.

Luego, según lo expuesto, la nota de la CACSS planteaba soluciones prácticas ante la ausencia normativa en materia de teletrabajo, pero no introducía ningún criterio que permitiera resolver o determinar con claridad y de manera uniforme en todos los países la legislación a aplicar. Además, tan sólo hacía mención de los supuestos de teledesplazamiento puntual e híbrido, pero no preveía el del teletrabajo de forma completa y habitual. Es decir, la casuística de, por ejemplo, un trabajador español contratado por una empresa francesa sin filial ni actividad en España, con la que se hubiera pactado la realización de toda la actividad a través del teletrabajo desde su domicilio en Madrid. Así, ante este supuesto podría haberse generado la duda acerca de si la consideración del lugar de trabajo y legislación aplicable hubiese sido la francesa, según la ubicación de la sede de la empresa, o la española, por ser el lugar desde donde el trabajador hubiera teletrabajado.

Tal y como se ha dicho, como respuesta a la toda la controversia descrita, por fin, el reciente Acuerdo marco relativo a la aplicación del apartado 1 del artículo 16 del Reglamento (CE) núm. 883/2004 en los casos de teletrabajo transfronterizo habitual aborda esta cuestión. Aunque sólo con respecto a los países integrantes de tal acuerdo que son Alemania, Austria, Bélgica,

54. *Ibidem*, p. 82.

Croacia, España, Finlandia, Francia, Liechtenstein, Luxemburgo, Malta, Noruega, Países Bajos, Polonia, Portugal, República Checa, República Eslovaca, República Eslovena, Suecia, Suiza. Y, además, sólo con respecto a los trabajadores por cuenta ajena.

Concretamente, la propia norma señala su ámbito de aplicación a las personas que estén empleadas por una o más empresas o empleadores con sede o domicilio en un país parte distinto al de su residencia, que también ha de ser parte del acuerdo, a las que en aplicación del art. 13.1. a) del reglamento de base les sería de aplicación la legislación del Estado de residencia como consecuencia del teletrabajo transfronterizo habitual. Es decir, por ejercer en él una parte cuantitativamente importante del conjunto de las actividades laborales a lo largo de los doce meses civiles siguientes, sin que necesariamente tengan que ser la mayor parte de ellas. Esto, siempre y cuando les resulte también aplicable la posibilidad de acogerse a un acuerdo *ex* artículo 16.1. del reglamento de base (art. 2.1.). Se excluye, por tanto, el supuesto del teletrabajo híbrido que se ejerce tan sólo un día a la semana frente a la actividad presencial el resto de los días semanales.

Además, se señala que no resulta aplicable a las personas que:

- Ejerzan habitualmente una actividad distinta del teletrabajo transfronterizo en el Estado de residencia, y/o
- Ejerzan habitualmente una actividad en un Estado distinto a los integrantes del acuerdo y/o
- Trabajen por cuenta propia.

De esta manera, y sobre la base de lo dispuesto en el art. 16.1. del Reglamento 883/2004, que es el que permite aplicar excepciones a las reglas previstas en sus artículos precedentes a través de un acuerdo entre los Estados parte, se estipula que previa solicitud, las personas que realicen la actividad en estos términos pueden quedar sujetas a la legislación del Estado en el que el empleador tenga su sede o su domicilio, siempre que el teletrabajo transfronterizo realizado desde el país de residencia sea inferior al 50 % del tiempo de trabajo total.

Así, se establece la posibilidad de acogerse voluntariamente al sistema de Seguridad Social del país de establecimiento de la empresa o empleador para el que se realiza la actividad laboral frente al del país de residencia. Si bien, con la limitación de que la parte cuantitativa de este teletrabajo realizado desde el país de residencia no alcance el 50% de la totalidad del tiempo de trabajo. Es decir, se amplía el porcentaje de referencia de habitualidad o sustancialidad previsto por el artículo 13.1., que es del 25%, y además se matiza que su valoración ha de realizarse tan sólo con respecto al tiempo de trabajo, sin mención a otros criterios a los que sí alude el reglamento de base.

Luego, los elementos que determinan la posibilidad de este acuerdo de teletrabajo transfronterizo son:

- Teletrabajo desarrollado desde el lugar de residencia sito en un país parte, para una empresa ubicada en otro país parte. Es decir, tanto el país de residencia como el de la sede o domicilio de la empresa han de ser distintos y además ser parte del acuerdo. En el ejemplo señalado anteriormente, España y Francia, respectivamente.
- Proporción del tiempo de trabajo en el país de residencia entre un 25-50% de la jornada.
- Solicitud de acuerdo por el empleado o el empleador.
- Finalidad: sujeción a la Seguridad Social del país de ubicación de la empresa.

O, dicho de otra manera, según el tiempo de teletrabajo realizado desde el domicilio:

- Inferior al 25%: cotización en el país de ubicación de la sede o domicilio de la empresa o empleador.
- 25%-menos del 50%, si se es un teletrabajador por cuenta ajena con conexón digital y enlace IT que desarrolla la actividad en el marco de los países integrantes del acuerdo:
  - Cotización por defecto: país de residencia.
  - Posibilidad de acuerdo marco: cotización en el país de la empresa o empleador.
- Igual o superior al 50%: cotización en el país de residencia.

A modo de ejemplo, estos porcentajes que permiten acogerse a la legislación del país de la empresa son los correspondientes a un supuesto de teletrabajo híbrido durante dos días a la semana o de una semana de teletrabajo compaginada con tres de actividad presencial. Por el contrario, quedan excluidos quienes teletrabajen de manera híbrida con tres días de teletrabajo o más a la semana o con dos semanas de teletrabajo alternas al mes con el trabajo presencial, ya que en estos casos quedan sujetos a la legislación del país de residencia. Mismo criterio que el que se aplica a quienes pudiendo solicitar tal acuerdo no lo hacen o a los teletrabajadores que ejecutan la actividad en estas condiciones, pero en el marco de países no integrantes de esta norma.

No obstante, también se estipula que estos elementos no impiden que otras situaciones de teletrabajo distintas puedan acogerse a la posibilidad de suscribir un acuerdo individual según su situación particular de teletrabajo transfronterizo habitual *ex* artículo 16 del reglamento de base.

Es importante resaltar el hecho de que este criterio no es de aplicación automática, sino que exige una solicitud, cuyo acuerdo tiene una vigencia máxima de tres años, que es susceptible de ser prorrogada mediante una nueva solicitud. Además, resulta aplicable únicamente con respecto a los períodos de cotización posteriores a su entrada en vigor, salvo que con anterioridad se haya cotizado o estado cubierto de otro modo por el sistema de Seguridad Social del Estado parte en el que el empresario tenga su sede o su domicilio y, a su vez, se trate de un período no superior a tres meses o la solicitud se presente como máximo el 30 de junio de 2024 para un período anterior a la fecha de la solicitud no superior a doce meses.

Una vez autorizado dicho acuerdo, la institución competente, es decir, la del país parte en el que la empresa tenga su sede o domicilio, en el ejemplo señalado, la francesa, ha de informar a empleado y empleador acerca de la sujeción a dicha legislación. Tras ello, se obtiene el certificado de cobertura (PD A1).

Pues bien, tanto la sujeción a la legislación al país de residencia como de ubicación de la empresa cuenta con ventajes y desventajas. En relación con la aplicación de la ley del país de residencia cabe resaltar diversas problemáticas de tipo práctico, cuyo nexo común es el cambio de legislación asociado al cambio de residencia. Así, entre otros aspectos, implica una mayor carga burocrática, el riesgo de un posible incremento del coste de las cotizaciones y/o un menor contenido prestacional y, en general, una situación de inseguridad jurídica derivada del acogimiento a un sistema de Seguridad Social que puede ser desconocido.

Además, en el caso de los trabajadores por cuenta ajena la cuestión puede complicarse aún más, debido a que puede ocasionar que las empresas se muestren reticentes a permitir el teletrabajo transfronterizo frente al teletrabajo nacional si ello les perjudica. O que, en caso de consentirlo, lo hagan sin admitir cambios sobre el lugar designado y acordado en el acuerdo de teletrabajo o lo acepten tan sólo de manera residual u ocasional. Por ejemplo, aceptando el teletrabajo híbrido transfronterizo únicamente un día a la semana frente a un mayor número de días para los teletrabajadores nacionales, precisamente para evitar el cambio de legislación. Algo que puede convertirse en una situación discriminatoria entre unos y otros teletrabajadores e incluso en un obstáculo a la libre circulación de trabajadores, especialmente para quienes tienen como objetivo desarrollar la actividad de manera nómada[55].

Aunque también puede ocurrir lo contrario, y que bajo la aplicación este principio de sujeción al lugar de residencia las empresas prefieran contratar a teletrabajadores que residan en países donde los costes derivados de las cotizaciones sean menores, fomentándose así el dumping social y la necesidad de llevar a cabo mayores actuaciones por parte de las inspecciones de trabajo nacionales con respecto a estos trabajadores[56].

La sujeción de estos teletrabajadores por cuenta ajena a la ley del país de ubicación de la sede del empleador o centro de trabajo frente a la del domicilio, con independencia del porcentaje de teletrabajo, ha sido defendida atendiendo a que se corresponde con la ubicación de elementos como el servidor o el ecosistema empresarial al que el trabajador se conecta diariamente para teletrabajar; el lugar desde el que se ejercen las potestades empresariales de dirección, control y posibles sanciones; o desde donde se aporta el portátil y sueldo. Como ventajas se han señalado la igualdad de trato entre empleados presenciales y teletrabajadores transfronterizos, así como entre éstos y los teletrabajadores nacionales. También la disminución de la carga burocrática y la mayor estabilidad legislativa tanto para la empresa como para el trabajador[57]. Es decir, los aspectos señalados como negativos en el caso de que la ley aplicable sea la del lugar del domicilio desde el que se teletrabaja.

Ahora bien, es preciso tener en consideración que la interpretación de estos efectos como positivos o negativos depende de cada caso concreto pues si a los nómadas digitales o a las propias empresas este último criterio les ofrece mayor estabilidad, distinta puede ser la situación cuando se trata de un teletrabajador que accede a uno o varios mercados de trabajo internacionales sin desplazamiento territorial. De hecho, uno de los beneficios asociados a esta nueva forma de ejecutar la actividad es la posibilidad de teletrabajar a jornada completa de manera transnacional desde el domicilio habitual. Aunque si ello implica el cambio de legislación y el inicio de un nuevo período de cotización en un país distinto, puede ocurrir que el tra-

55. CARRASCOSA BERMEJO, D. «Seguridad Social en el teletrabajo internacional post-pandémico y en el caso específico del nomadismo digital...», ob. cit., p. 79.
56. *Ibidem*, p. 86.
57. *Ibidem*, pp. 84 y 86.

bajador se muestre vacilante y prefiera seguir trabajando y cotizando en el país de residencia.

Así, en lo que se refiere al teletrabajo híbrido, puede ser más interesante pactar una jornada de trabajo u otra dependiendo de los efectos que se pretendan alcanzar a efectos de legislación. Por ejemplo, si se prefiere quedar sujeto al país del empleador frente al del lugar de residencia como consecuencia de que el sistema de este último cuente con un mayor coste en cotizaciones y un menor contenido prestacional, se ha de pactar el teletrabajo con un día o dos a la semana o con una semana de teletrabajo al mes, en lugar de hacerlo en otros términos que impliquen la obligación de cotizar en el país de residencia. Incluso para el trabajador puede ser más ventajoso realizar la actividad en estas condiciones para una empresa extranjera ubicada en un país con el que se tengan buenas condiciones de movilidad que faciliten el desplazamiento, que hacerlo para una empresa del propio. Sobre todo, si se reside en zonas cercanas a la frontera con otro Estado.

En lo que respecta a los teletrabajadores transfronterizos por cuenta propia, cabe mencionar que en la medida en la que quedan excluidos de este acuerdo, las reglas que determinan su sujeción y cotización a la legislación de uno u otro país es la norma multi-Estado. Si, además, esto se pone en conexión con el hecho de que el perfil mayoritario de trabajadores que conforman el fenómeno del nomadismo digital es el de teletrabajadores por cuenta propia a tiempo completo, cabe indicar que la legislación aplicable a la mayor parte de este colectivo es la del lugar del domicilio. Al igual que ocurre con los nómadas digitales por cuenta ajena ya que se deduce que, salvo alguna excepción muy puntual, los constantes cambios de residencia a otro país se producen como consecuencia de que el teletrabajo se realiza a tiempo completo o en un porcentaje superior al 50% de la jornada.

Por tanto, en el caso de los nómadas digitales cada cambio de domicilio a otro país conlleva un cambio de legislación, a pesar de la carga burocrática que ello genera y de la inestabilidad asociada a la sujeción a un nuevo sistema de Seguridad Social desconocido. Especialmente desde la perspectiva de las garantías prestacionales que exigen largos períodos de carencia, como es el caso de la prestación de jubilación. Aspecto que será tratado en mayor profundidad en el próximo capítulo.

Por último, se hace preciso señalar que los criterios anteriores no operan para los desplazamientos con países terceros ya que, en estos casos, al igual que ocurre con el resto de las situaciones de movilidad, la situación del teletrabajador internacional depende de si existe un convenio de Seguridad Social entre el país de origen y destino que determine el lugar de cotización.

Aunque la realidad es que, a la fecha, ninguno de los convenios ha abordado aún esta cuestión de manera específica.

De este modo, salvo que las instituciones competentes de los países que cuentan con un convenio de Seguridad Social que permite la adopción de acuerdos en materia de Seguridad Social convengan otra solución práctica, como podría ser la de asimilar este supuesto al del trabajador desplazado, la situación del trabajador procedente de un país tercero que se traslada a España para teletrabajar para una empresa extranjera, una vez obtenido el visado o autorización de residencia para teletrabajo internacional, se rige por la legislación de Seguridad Social española. En el caso de que sea un residente en España el que decide trasladarse a otro país para teletrabajar, por ejemplo, para una empresa española, habrá que estar a lo dispuesto por la normativa del lugar elegido como destino. Aunque, a falta de convenios que regulen específicamente esta situación de teletrabajo a tiempo completo, presumiblemente queda también sujeto a la legislación de Seguridad Social del país de residencia.

2.3.4. Discrepancias a efectos de determinar la legislación aplicable. Concesión provisional de prestaciones

Junto a todas las reglas anteriores previstas por la normativa para la determinación de la legislación que resulta aplicable, también se prevén otras directrices dirigidas a solventar las posibles discrepancias interpretativas entre las instituciones o autoridades de dos o más países que dificulten su aplicación.

En el caso de la normativa de los países miembros la fórmula utilizada es la fijación de unos criterios de aplicación escalonada según los que, salvo disposición en contrario, la legislación aplicable, al menos provisionalmente, se concreta según el siguiente orden de prioridad (art. 6 Reglamento 987/2009):

- «Legislación del Estado miembro en el que la persona ejerza efectivamente su actividad profesional, por cuenta propia o ajena, en caso de que dicha actividad se ejerza en un solo Estado miembro.
- Legislación del Estado miembro de residencia, si el interesado ejerce en él una parte de su actividad o actividades, o si no ejerce actividad profesional por cuenta propia ni ajena.
- Legislación del Estado miembro a cuya aplicación se haya solicitado acogerse en primer lugar, en otros casos en que la persona ejerza una o varias actividades en dos o más Estados miembros».

No obstante, se prevé la posibilidad de que los países implicados negocien acuerdos administrativos que modifiquen estas reglas, siempre que no se perjudique a los derechos y obligaciones de los interesados y que se comuniquen a la Comisión Administrativa (art. 8-9 Reglamento 987/2009). Además, si a pesar de lo anterior la discrepancia no ha sido resuelta, el último recurso es elevar el asunto a la Comisión Administrativa en el plazo de un mes, para que trate de conciliar posturas en los seis meses siguientes.

En tanto en cuanto el conflicto es resuelto, el interesado disfruta provisionalmente de las prestaciones previstas por la legislación del lugar de residencia —siempre que cumpla con los requisitos para ello—, salvo que no resida en ninguno de los Estados miembros afectados, en cuyo caso queda sujeto a las prestaciones previstas por la legislación del lugar en el que haya presentado la solicitud en primer lugar. Si finalmente la legislación e institución identificada como competente no coincide con la asignada provisionalmente, se establece la retroactividad de su aplicación, como si la discrepancia no se hubiera producido.

En lo que respecta a las posibles discrepancias entre instituciones a las que no les resulte de aplicación la normativa de los países miembros, habrá que estar a lo dispuesto por el convenio bilateral o multilateral que resulte de aplicación. En esencia, estos convenios establecen un esquema similar al descrito, aunque más simplificado, basado en la negociación y remisión a una Comisión de arbitraje.

Así, por ejemplo, el Convenio bilateral entre España y Estados Unidos (arts. 20-23) determina que las autoridades competentes y las instituciones de los Estados contratantes han de colaborar en la aplicación de las disposiciones previstas en el convenio y establecer acuerdos administrativos que permitan su aplicación. Además, si el desacuerdo se mantiene durante un período de seis meses, se establece la posibilidad de acudir a una Comisión arbitral, cuyo dictamen es vinculante. Mismo criterio que el dispuesto por el convenio de Seguridad Social con Japón y Colombia, aunque en este último caso, el plazo para acudir a la comisión arbitral se reduce a tres meses. Con respecto a Japón no se hace referencia a plazo alguno (art. 30 de ambos convenios).

Capítulo III

El acceso a la jubilación en el contexto de la movilidad transnacional

SUMARIO: 1. ELEMENTOS ESTRUCTURALES DE LA PENSIÓN DE JUBILACIÓN A NIVEL GLOBAL. ESPECIAL REFERENCIA A LOS PAÍSES DE LA OCDE. *1.1. Pensión básica u ordinaria: España, Italia, Francia, Estados Unidos, Japón y Colombia.* 1.1.1. España. 1.1.2. Italia. 1.1.3. Francia. 1.1.4. Estados Unidos. 1.1.5. Japón. 1.1.6. Colombia. 2. LOS DERECHOS PRESTACIONALES EN EL CONTEXTO DE LA MOVILIDAD TRANSNACIONAL. LA PORTABILIDAD DE DERECHOS. *2.1. Principio de conservación de los derechos adquiridos. 2.2. Principio de conservación de los derechos en vías de adquisición. Totalización de períodos de cotización.*

Una vez fijados los criterios que determinan la vinculación al sistema de Seguridad Social de uno u otro país, otra cuestión a abordar en el contexto de la movilidad transnacional es la repercusión que estos desplazamientos y cotizaciones en diversos países pueden tener a efectos de una futura prestación de jubilación. En otras palabras, si el hecho de contar con una carrera de cotización fraccionada en diversos países puede dificultar u obstaculizar el acceso a esta prestación o si, por el contrario, existen mecanismos que permitan mantener los derechos adquiridos en materia de protección social a pesar de haber abandonado el país donde se obtuvieron.

Por ejemplo, si un trabajador español que cuenta con un período de cotización de veinte años en el sistema francés, cinco en Estados Unidos y otros diez en el sistema español —en total 38 años— puede acceder a la jubilación y bajo qué condiciones. Es decir, si tiene que solicitar los derechos prestacionales separadamente en cada uno de estos países para que cada uno le reconozca o no el derecho a la pensión, según su ley nacional y las cotizaciones realizadas exclusivamente en cada uno de ellos, aún a riesgo de que este fraccionamiento pueda implicar no cumplir con los requisitos mínimos en ninguno de los países, o si existen mecanismos de unificación de las cotizaciones realizadas a lo largo de toda una vida laboral que permitan acceder a la jubilación bajo una única legislación. La francesa, la estadounidense o la española. Y, en su caso, cuál, pues es necesario aludir al hecho de que cada país es autónomo para configurar los requisitos de acceso a la prestación de jubilación y que, de hecho, no existe un sistema único y común, ni siquiera en el contexto de los países miembros.

No obstante, sí que existe una obligación común para todos los Estados, que es la de garantizar una protección social adecuada, suficiente y digna, en equilibrio con su propia sostenibilidad y viabilidad financiera, a través de la definición y ejecución de sus políticas. En el caso del ordenamiento jurídico interno, la propia Constitución Española establece la obligatoriedad de los poderes públicos de garantizar la suficiencia económica a los ciudadanos durante la tercera edad, a través de unas pensiones adecuadas y periódicamente actualizadas (art. 50). Obligación que ha de ser puesta en conexión con la salvaguardia de los derechos económicos y sociales de los trabajadores españoles en el extranjero (art. 42), que incluye la exigencia de llevar a cabo cuantas acciones positivas sean necesarias para la defensa de sus intereses, tratando de conseguir la igualdad de trato en lo económico y lo social y facilitar el retorno[1].

Así, y como muestra de las repercusiones que una carrera de cotización fraccionada en distintos países puede implicar con miras a una futura prestación de jubilación, sin ánimo de exhaustividad, se mencionarán los requisitos elementales que configuran la prestación de jubilación a nivel global, con especial referencia a los países seleccionados como ejemplo en esta obra: Italia, Francia, Estados Unidos, Japón y Colombia. Si bien, tan sólo con respecto al supuesto de jubilación ordinaria del régimen general o equivalente en cada país, por constituir el escenario básico al que se acogen la mayor parte de los trabajadores y sobre el que se regulan el resto de las modalidades.

---

1. CASES MÉNDEZ, J. I. «Artículo 42: Protección de los emigrantes», en AAVV. *Comentarios a la Constitución Española de 1978*, tomo IV (Artículos 39 a 55) Alzaga Villaamil, O. (dir.), Madrid, Cortes Generales/EDERSA, 1996, pp. 135-148; JIMENA QUESADA. L. «La protección constitucional de las relaciones laborales transnacionales en España». *Revista del Ministerio de Empleo y Seguridad Social*, núm. 132, pp. 49-75.

1. ELEMENTOS ESTRUCTURALES DE LA PENSIÓN DE JUBILACIÓN A NIVEL GLOBAL. ESPECIAL REFERENCIA A LOS PAÍSES DE LA OCDE

Como punto de partida es preciso indicar que, al margen de las diferencias que puedan existir a efectos de jubilación entre los distintos países, todos articulan el acceso a esta prestación en torno al requisito común de la edad legal. Además, en su gran mayoría, también se requiere un período de carencia mínimo. El resto, la minoría, se rige por un criterio de años de residencia.

Pues bien, como consecuencia del envejecimiento poblacional que se viene produciendo a nivel mundial y del gran reto que esto supone desde la perspectiva de la sostenibilidad de la prestación de jubilación, la tendencia en la gran mayoría de los países es la de aumentar estas edades legales de jubilación[2]. De hecho, entre las propuestas incluidas en el Libro Blanco de la Comisión Europea para garantizar la sostenibilidad financiera de los sistemas de pensiones y, con ello, el derecho a la obtención de unas pensiones adecuadas, suficientes y dignas en el futuro se encuentra la de vincular la edad de jubilación al aumento de la esperanza de vida[3]. Si bien, no todos los países lo vienen haciendo al mismo ritmo ni en todos los casos.

Según datos de la OCDE[4] referidos al año 2020, países como Israel, Austria, Chile, Polonia, Suiza, Lituania, Colombia, Costa Rica, Argentina, Brasil, Rusia y China contaban con diferencias en materia de edad legal de jubilación

2. OCDE. *Pensions at a Glance OECD and G20 indicators*, 2021, p. 131. ABLANEDO REYES, E. *Análisis de los sistemas de pensiones europeos e internacionales*, Bruiselas, SOCIEUX+ Iniciativa de la Unión Europea para la protección social, el trabajo y el empleo, 2020.

3. COMISIÓN EUROPEA. *Libro blanco. Agenda para unas pensiones adecuadas, seguras y sostenibles*, 2012.

4. Organización para la Cooperación y el Desarrollo Económicos. Organismo de cooperación internacional compuesto por 38 estados, cuyo objetivo es coordinar sus políticas económicas y sociales. Estos países son: Canadá: 10 de abril de 1961; Estados Unidos: 12 de abril de 1961; Reino Unido: 2 de mayo de 1961; Dinamarca: 30 de mayo de 1961; Islandia: 5 de junio de 1961; Noruega: 4 de julio de 1961; Turquía: 2 de agosto de 1961; España: 3 de agosto de 1961; Portugal: 4 de agosto de 1961; Francia: 7 de agosto de 1961; Irlanda: 17 de agosto de 1961; Bélgica: 13 de septiembre de 1961; Alemania: 27 de septiembre de 1961; Grecia: 27 de septiembre de 1961; Suecia: 28 de septiembre de 1961; Suiza: 28 de septiembre de 1961; Austria: 29 de septiembre de 1961; Países Bajos: 13 de noviembre de 1961; Luxemburgo: 7 de diciembre de 1961; Italia: 29 de marzo de 1962; Japón: 28 de abril de 1964; Finlandia: 28 de enero de 1969; Australia: 7 de junio de 1971; Nueva Zelanda: 29 de mayo de 1973; México: 18 de mayo de 1994; República Checa: 21 de diciembre de 1995; Hungría: 7 de mayo de 1996; Polonia: 22 de noviembre de 1996; Corea del Sur: 12 de diciembre de 1996; Eslovaquia: 14 de diciembre de 2000; Chile: 7 de mayo de 2010; Eslovenia: 21 de julio de 2010; Israel: 7 de septiembre de 2010; Estonia: 9 de diciembre de 2010; Letonia: 1 de julio de 2016; Lituania: 5 de julio de 2018; Colombia: 28 de abril de 2020; Costa Rica: 25 de mayo de 2021.

por razón de género, con una diferencia promedio de 2,8 años[5]. No obstante, la previsión es que estas brechas de género sean eliminadas en todos los países de la OCDE excepto en Colombia, Chile e Israel[6].

La edad promedio de jubilación en los países de la OCDE, en el caso de los hombres, fue de 64,2 años. Los grandes contrastes se produjeron entre países como Colombia, Luxemburgo y Eslovenia, con una edad de jubilación para los hombres de 62 años frente a los 67 de Islandia y Noruega. Además, y aunque no forme parte de esta organización, es preciso resaltar la excepcionalidad del sistema de Arabia Saudí, con una edad de jubilación de 47 años[7].

Así, para el año 2020, las edades más bajas y altas a nivel mundial se representaban del siguiente modo[8]:

PAÍSES CON LA EDAD DE JUBILACIÓN MÁS BAJA (2020)

PAÍSES	HOMBRES	MUJERES
Arabia Saudí	47	47
Turquía	52	49
India	58	58
China	60	50
Rusia	60	56
Colombia	62	57
Brasil	62	60
Costa Rica	62	60

5. OCDE. *Pensions at a Glance*...ob. cit. pp. 131-132.
6. OCDE. *Pensions at a Glance OECD and G20 indicators*, 2023, pp. 142-145.
7. OCDE. *Pensions at a Glance*...ob. cit. 2021, p. 39.
8. Elaboración propia a partir de los datos obtenidos de OCDE. *Pensions at a Glance*...ob. cit. 2021, p. 131 y 2021, pp. 142-145.

PAÍSES CON LA EDAD DE JUBILACIÓN MÁS ALTA (2020)

PAÍSES	HOMBRES	MUJERES
Islandia	67	67
Noruega	67	67
Irlanda	66	66
EEUU	66	66
Países Bajos	66	66
Reino Unido	66	66

EDAD DE JUBILACIÓN ORDINARIA Y FUTURA DE JUBILACIÓN (con ingreso en el mercado laboral en 2020)

PAÍSES	EDAD H/ M 2020	EDAD H/ M 2023	EDAD FUTURA H/M
Alemania	65	65	67+
Ara- bia Saudí	47	47	47
Argentina	65/60	65/60	65
Australia	65	66	67
Austria	65/60	65/60	65
Bélgica	65	65	67
Brasil	62/60	65/62	65/62
Canadá	65	65	65
Chile	65/60	65/60	65/60
China	60/50	60/50	65
Colombia	62/57	62/57	62/57
Costa Rica	62/60	62/60	65/63
Croacia	65/63	65/63	65

PAÍSES	EDAD H/ M 2020	EDAD H/ M 2023	EDAD FUTURA H/M
Dinamarca	65	67	74+
Eslovaquia	63	63	69+
Eslovenia	62	65	65
España	65	65-66	65-67
Estonia	63	64	71+
EEUU	66	66	67
Finlandia	65	65	69+
Francia	62	62	64
Grecia	65	67	67+
Hungría	64	65	65
India	58-60	58-60	58-60
Irlanda	66	66	67
Islandia	67	67	67
Israel	67/62	67/62	67/65
Italia	67	67	71+
Japón	65	65	65
Letonia	64	64	65
Lituania	64/63	64/63	65
Luxem-burgo	62	65	65
Malta	63	64	65
México	65	65	65
Noruega	67	67	67
Países Bajos	66	66	70+
Polonia	65/60	65/60	65
Portugal	65	66	68+

PAÍSES	EDAD H/ M 2020	EDAD H/ M 2023	EDAD FUTURA H/M
Reino Unido	66	66	68+
Rep. Checa	63	64	65
Rumania	65/62	65/62	65/64
Rusia	60/56	60/56	65/61
Sudáfrica	60	60	60
Suecia	65	65	70
Suiza	65/64	65/64	65
Turquía	52/49	52/49	60/58

Fuente: elaboración propia a partir de los datos de OCDE, 2021 y 2023[9]. (Los países que cuentan con (+) en sus edades futuras de jubilación son aquellos que han vinculado la edad legal a la esperanza de vida).

Así, se muestra que la tendencia generalizada a efectos de acceso a la jubilación es la de, por un lado, eliminar el factor del género y, por otro, aumentar la edad legal. Se estima que esta edad legal aumente en 20 de los 38 países de la OCDE en aproximadamente dos años. De 64,4 de promedio para los hombres y 63,6 para las mujeres en 2022 hasta la edad de 66 años y un mes para 2060. Con la salvedad de Dinamarca y Estonia, que contará con un aumento muy por encima de la estimación para el resto de los países. De los 65.5 a los 74 años en el caso de Dinamarca y de 63.8 a 71 años en el caso de Estonia, ya que la edad legal de estos sistemas está directamente vinculada a la esperanza de vida. También cuentan con este mecanismo Finlandia, Chipre, Grecia, Italia, Países Bajos, Portugal, Eslovaquia y Reino Unido[10].

El mayor aumento se proyectaba para Turquía, con una transición entre los 52 años del sistema inicial a los 65 años previstos para los hombres a partir del año 2046 y 2048 para las mujeres, pero desde 2023 esta edad legal en unos casos ha sido eliminada y en otros ha quedado fijada en 60 y 58 años para

9. OCDE. *Pensions at a Glance. OECD and G20 indicators*...ob. cit. 2021, p. 39. OCDE. *Pensions at a Glance OECD and G20 indicators*...ob. cit. 2023, pp. 142-145.
10. OCDE. *Pensions at a Glance. OECD and G20 indicators*...ob. cit. 2021, p. 132.

hombres y mujeres, respectivamente, dependiendo de la fecha en la que se produjera su primera incorporación al mercado laboral[11].

En este sentido, según la Ley núm. 7438, de 1 de marzo de 2023 por la que se modifica la Ley de Seguridad Social y Seguro General de Salud y el Decreto Ley núm. 375, con entrada en vigor en marzo de 2023, si inicialmente se preveía que una persona que contara con una carrera de cotización continua desde los 22 años y al menos 5.500 días —15 años— podía jubilarse a los 52 años para el caso de los hombres y 49 para las mujeres, y que a partir de 2036 habría un aumento gradual en esta edad de jubilación, con 65 para los hombres en 2046 y para las mujeres en 2048[12], en la actualidad el sistema es distinto.

Esta reforma establece que quienes comenzaran a trabajar antes del 8 de septiembre de 1999 pueden acceder a la prestación cuando completen 20 años de seguro para las mujeres y 25 años para los hombres, siempre que tengan entre 5.000 y 5.975 días de prima pagada. Sin embargo, si este primer vínculo con la actividad laboral y sistema de Seguridad Social fue posterior a dicha fecha, se mantiene la exigencia de la edad legal de jubilación. Aunque de 58 años para las mujeres y 60 años para los hombres. Por tanto, se mantiene la edad, pero reducida con respecto a las previsiones iniciales de los años 2046 y 2048 de 65 años.

Pues bien, los datos indican que incluso con este aumento generalizado de las edades legales de jubilación, el aumento de la esperanza de vida sigue siendo muy superior. Según datos de la ONU, en 2050 una de cada seis personas en el mundo tendrá más de 65 años (16%) frente al 9% del año 2019. Incluso, en diversas zonas del mundo, se estima que una de cada cuatro personas tenga 65 años o más años. Es el caso de Hong Kong (40,6%), Corea del Sur (39,4%), Japón (37,5%), Italia (37,1%), España (36,6%), Taiwán (35,3%), Grecia (34,5%) y Portugal (34,35). En otras zonas donde en la actualidad el envejecimiento no es tan agudo también se prevé un aumento considerable. Concretamente, en África Subsahariana se prevé aumento con respecto a los datos del año 2019 del 218%, norte de África y oeste de Asia (226%), centro y sur de Asia (176%), este y sureste de Asia (120%), Latinoamérica y Caribe (156%), Australia y Nueva Zelanda (84%), Oceanía, excluyendo Australia y Nueva Zelanda (190 %), Europa y Norte América (48%). Luego, el aumento

11. EUROPA PRESS. *Turquía elimina la edad mínima de jubilación y permite que más de 2 millones de personas puedan optar a ello, 29 dic. 2022.* Disponible en: https://www.europapress.es/internacional/noticia-turquia-elimina-edad-minima-jubilacion-permite-mas-millones-personas-puedan-optar-ello-20221229035008.html Consultado: 30 de octubre de 2023.
12. OCDE. *Pensions at a Glance, Country profile, Turkey*, 2021.

de estas edades de jubilación representa la mitad del aumento promedio de la esperanza de vida[13].

De hecho, como se ha dicho, hay países que cuentan con una edad futura de jubilación más baja que la media de los países de la OCDE. Es el caso de Turquía, con 60 años para los hombres y 58 para las mujeres, en su caso, o Colombia, que la mantiene en 62 años para los hombres y 57 para las mujeres. En otros países del G20 fuera de la OCDE tienden a ser aún más bajas. Es el caso de Arabia Saudita, que cuenta con una edad legal de jubilación de 58 años, aunque la edad normal y real es de 47 años debido a que es posible retirarse sin penalización después de 25 años de cotización[14]. También Sudáfrica, con una edad legal de jubilación de 60 años, e India con 58 años o 60 dependiendo del sector de actividad. Aunque en estos últimos casos, esta baja edad encuentra su razón de ser en la inferior esperanza de vida de estos países, 62,34 y 67,24 años respectivamente, frente a los 81 de promedio en los países de la OCDE.

En cuanto a los períodos de carencia exigidos por algunos países, son diversas las fórmulas utilizadas cuyo denominador común es la distinción entre un período de carencia mínimo para acceder a la pensión y otro más amplio para obtener el cien por cien de la cuantía. Aunque, por ejemplo, Francia y Suiza contemplan períodos que, en la práctica, implican casi la inexistencia de este requisito —en el caso del sistema francés el derecho a la pensión es reconocido con tan sólo un trimestre cotizado y en el suizo con un año. Lógicamente, con una cuantía proporcional a este tiempo de cotización—.

En lo que respecta a los períodos de carencia para el acceso a la pensión y para recibirla sin penalizaciones en su cuantía, con respecto al año 2022, los datos son:

13. ONU. *World Population Ageing Report. Informe sobre el envejecimiento de la población*, 2019, p. 5.

14. *Pensions at a Glance. OECD and G20...*ob. cit.2021, pp. 167-182; OECD. *Pensions at a Glance OECD and G20...*ob. cit., 2023, pp. 147-148.

PAÍSES	P. CARENCIA MÍNIMO (años)	P. CARENCIA PARA CUANTÍA MÁXIMA (años)
Arabia Saudí	10	10
Argentina	30	30
Austria	15	40
Bélgica	30	45
Brasil	15	30
Chile	20	20
China	15	40
Colombia	25	25
Costa Rica	15	25
Eslovaquia	30	47
Eslovenia	15	15
España	15	37 y 6 meses
EEUU	10	30
Francia	1 trimestre	42
Hungría	20	20
India	10	10
Italia	20	20
Japón	10	40
Luxemburgo	20	40
México	25	19
Polonia	25	25
Portugal	15	40
Reino Unido	10	35
Rep. Checa	35	35
Suiza	1	44

PAÍSES	P. CARENCIA MÍNIMO (años)	P. CARENCIA PARA CUANTÍA MÁXIMA (años)
Turquía	15	15

Fuente: elaboración propia a partir de los datos de OCDE, 2023[15].

En lo referente a la fórmula de cálculo de la cuantía de la pensión, la gran mayoría de los países de la OCDE computan la base reguladora a partir de un amplio período de cotización. Por ejemplo, en Portugal y Estados Unidos se utilizan los mejores 40 y 35 años de cotización respectivamente. En España, los últimos 25 años[16]. Aunque en este caso, tal y como se verá en las próximas páginas, las últimas reformas implican un cambio en línea con otros modelos que toman de referencia los mejores años de cotización sobre un mínimo determinado.

1.1. PENSIÓN BÁSICA U ORDINARIA: ESPAÑA, ITALIA, FRANCIA, ESTADOS UNIDOS, JAPÓN Y COLOMBIA

1.1.1. España

En lo que respecta al sistema español, resulta preciso acudir a los artículos 205 y ss. de la LGSS, así como a otros textos normativos que han ido introduciendo modificaciones en torno a los elementos configuradores de esta prestación con el objetivo de garantizar su sostenibilidad. Entre otros, la Ley 27/2011, de 1 de agosto, sobre actualización, adecuación y modernización del sistema de Seguridad Social; Real Decreto-ley 5/2013, de 15 de marzo, de medidas para favorecer la continuidad de la vida laboral de los trabajadores de mayor edad y promover el envejecimiento activo y Real Decreto-ley 2/2023, de 16 de marzo, de medidas urgentes para la ampliación de derechos de los pensionistas, la reducción de la brecha de género y el establecimiento de un nuevo marco de sostenibilidad del sistema público de pensiones.

Como se ha dicho, la edad es uno de los elementos configuradores de esta prestación. A fecha de estas líneas, esta edad legal de jubilación es objeto de un período transitorio iniciado con la ley de 2011 y el real decreto de 2013 que culminará en el año 2027. De los 65 a los 67 años dependiendo de los años cotizados a la edad de 65. Además, existe un período de carencia

15. OCDE. *Pensions at a Glance. OECD and G20 indicators*...ob. cit. 2023, p. 141.
16. *Ibidem*. p. 128.

mínimo de 15 años a lo largo de toda la vida laboral que, a su vez, se ve completado con otra carencia específica de al menos dos años de cotizaciones —no necesariamente continuados—, dentro de los 15 años inmediatamente anteriores al hecho causante de la pensión.

De esta manera, en lo que respecta a la edad legal de jubilación ordinaria, el período de ampliación gradual señalado supone el transcurso entre la tradicional edad legal, fijada en 65 años o 65 años y 1 mes, dependiendo de si a dicha edad se contaba o no con un período de carencia de 35 años y 3 meses, a los 65 o 67 años, en función de si a los 65 años se cuenta con un período de carencia de 38 años y 6 meses, de aplicación a partir de 2027. Así, quien cese en su actividad a la edad de 65 años y cuente con este período de carencia podrá acceder a la prestación a esta edad, mientras que quien tenga un período menor tendrá que esperar a los 67 años (disp. trans. séptima LGSS). Así:

AÑO	PERÍODOS COTIZADOS	EDAD LEGAL
2013	35 años y 3 meses o más.	65 años.
	Menos de 35 años y 3 meses.	65 años y 1 mes.
2014	35 años y 6 meses o más.	65 años.
	Menos de 35 años y 6 meses.	65 años y 2 meses.
2015	35 años y 9 meses o más.	65 años.
	Menos de 35 años y 9 meses.	65 años y 3 meses.
2016	36 o más años.	65 años.
	Menos de 36 años.	65 años y 4 meses.
2017	36 años y 3 meses o más.	65 años.
	Menos de 36 años y 3 meses.	65 años y 5 meses.

AÑO	PERÍODOS COTIZADOS	EDAD LEGAL
2018	36 años y 6 meses o más.	65 años.
	Menos de 36 años y 6 meses.	65 años y 6 meses.
2019	36 años y 9 meses o más.	65 años.
	Menos de 36 años y 9 meses.	65 años y 8 meses.
2020	37 o más años.	65 años.
	Menos de 37 años.	65 años y 10 meses.
2021	37 años y 3 meses o más.	65 años.
	Menos de 37 años y 3 meses.	66 años.
2022	37 años y 6 meses o más.	65 años.
	Menos de 37 años y 6 meses.	66 años y 2 meses.
2023	37 años y 9 meses o más.	65 años.
	Menos de 37 años y 9 meses.	66 años y 4 meses.
2024	38 o más años.	65 años.
	Menos de 38 años.	66 años y 6 meses.
2025	38 años y 3 meses o más.	65 años.
	Menos de 38 años y 3 meses.	66 años y 8 meses.
2026	38 años y 3 meses o más.	65 años.

AÑO	PERÍODOS COTIZADOS	EDAD LEGAL
	Menos de 38 años y 3 meses.	66 años y 10 meses.
A partir del año 2027	38 años y 6 meses o más.	65 años.
	Menos de 38 años y 6 meses.	67 años.

Fuente: elaboración propia a partir de la disposición transitoria séptima de la LGSS.

Junto a lo anterior, y aunque no es un requisito de acceso a la prestación, es preciso referirse a otro elemento que condiciona el contenido de la pensión y que además ha sido objeto de recientes reformas. Es el caso de la cuantía, que es calculada a partir de las cotizaciones anteriores al cese de la actividad profesional que la ley determinada como computables en la base reguladora de la prestación y los porcentajes a aplicar sobre la misma.

Pues bien, nuevamente, el régimen jurídico aplicable a la determinación de esta cuantía se encuentra en un período de transición y ampliación gradual. Desde los 192 meses (16 años) de cotización computables desde el 1 de enero de 2013, al régimen establecido por el Real Decreto de 2023, que en el año 2037 quedará fijado en 348 meses consecutivos e inmediatamente anteriores al mes previo del hecho causante (29 años) (disposición transitoria cuadragésima, introducida por el art. único. 40 del Real Decreto-ley 2/2023, de 16 de marzo). Esto, teniendo en cuenta que esta ampliación gradual se produce como consecuencia de dos reformas que han introducido períodos de transición distintos. Así, se distingue entre el primer período de transición, que media desde el 1 de enero de 2013, con 192 meses, hasta el 1 de enero de 2022, que lo dejó fijado en 300 meses (25 años), y el segundo, que se iniciará a partir del 1 de enero de 2026 y quedará culminado el 1 de enero de 2037, con 348 meses (29 años)[17].

17. El régimen transitorio para la determinación de la base reguladora queda de la siguiente manera:
Disposición transitoria quinta de la LGSS, introducida por el artículo 4 de la Ley 27/2011, de 1 de agosto, sobre actualización, adecuación y modernización del sistema de Seguridad Social:

En lo que se refiere a los porcentajes a aplicar sobre la base reguladora, cabe tener en cuenta que éste se aplica sobre una escala según la que a los primeros 15 años cotizados se les aplica un porcentaje del 50 % y a partir del año decimosexto, por cada mes adicional de cotización comprendido

---

1. Lo previsto en el apartado 1 del artículo 162 de la presente Ley, se aplicará de forma gradual del siguiente modo:

A partir de 1 de enero de 2013, la base reguladora de la pensión de jubilación será el resultado de dividir por 224 las bases de cotización durante los 192 meses inmediatamente anteriores al mes previo al del hecho causante.

A partir de 1 de enero de 2014, la base reguladora de la pensión de jubilación será el resultado de dividir por 238 las bases de cotización durante los 204 meses inmediatamente anteriores al mes previo al del hecho causante.

A partir de 1 de enero de 2015, la base reguladora de la pensión de jubilación será el resultado de dividir por 252 las bases de cotización durante los 216 meses inmediatamente anteriores al mes previo al del hecho causante.

A partir de 1 de enero de 2016, la base reguladora de la pensión de jubilación será el resultado de dividir por 266 las bases de cotización durante los 228 meses inmediatamente anteriores al mes previo al del hecho causante.

A partir de 1 de enero de 2017, la base reguladora de la pensión de jubilación será el resultado de dividir por 280 las bases de cotización durante los 240 meses inmediatamente anteriores al mes previo al del hecho causante.

A partir de 1 de enero de 2018, la base reguladora de la pensión de jubilación será el resultado de dividir por 294 las bases de cotización durante los 252 meses inmediatamente anteriores al mes previo al del hecho causante.

A partir de 1 de enero de 2019, la base reguladora de la pensión de jubilación será el resultado de dividir por 308 las bases de cotización durante los 264 meses inmediatamente anteriores al mes previo al del hecho causante.

A partir de 1 de enero de 2020, la base reguladora de la pensión de jubilación será el resultado de dividir por 322 las bases de cotización durante los 276 meses inmediatamente anteriores al mes previo al del hecho causante.

A partir de 1 de enero de 2021, la base reguladora de la pensión de jubilación será el resultado de dividir por 336 las bases de cotización durante los 288 meses inmediatamente anteriores al mes previo al del hecho causante.

A partir de 1 de enero de 2022, la base reguladora de la pensión de jubilación se calculará aplicando, en su integridad, lo establecido en el apartado 1 del artículo 162.

Disposición transitoria cuadragésima LGSS, introducida por el art. único.40 del Real Decreto-ley 2/2023, de 16 de marzo:

Desde 1 de enero de 2026, la base reguladora de la pensión de jubilación será el resultado de dividir entre 352,33 la suma de las 302 bases de cotización de mayor importe comprendidas dentro del período de los 304 meses inmediatamente anteriores al mes previo al del hecho causante.

Desde 1 de enero de 2027, la base reguladora de la pensión de jubilación será el resultado de dividir entre 354,67 la suma de las 304 bases de cotización de mayor importe comprendidas dentro del período de los 308 meses inmediatamente anteriores al mes previo al del hecho causante.

Desde 1 de enero de 2028, la base reguladora de la pensión de jubilación será el resultado de dividir entre 357,00 la suma de las 306 bases de cotización de mayor importe comprendidas dentro del período de los 312 meses inmediatamente anteriores al mes previo al del hecho causante.

entre los meses uno y ciento seis se añade el 0,21 % y a los restantes un 0,19, sin que dicho porcentaje supere el 100 %, salvo en el supuesto de jubilación demorada. Porcentajes esos últimos que una vez más son objeto de modificación gradual hasta el año 2027, que quedarán fijados en un 0,19 y 0,18, respectivamente, sobre los meses adicionales al período de carencia mínimo de 15 años (disp. trans. novena LGSS).

1.1.2. Italia

La prestación de vejez del sistema de Seguridad Social italiano se articula en torno a los mismos elementos configuradores ya descritos, es decir, el cese de actividad a una determinada edad legal de jubilación y con un período mínimo de carencia, aunque cuenta con mayores matices que el español, por ejemplo, en lo relativo a la edad. Esto, debido a que se distingue

Desde 1 de enero de 2029, la base reguladora de la pensión de jubilación será el resultado de dividir entre 359,33 la suma de las 308 bases de cotización de mayor importe comprendidas dentro de los 316 meses inmediatamente anteriores al mes previo al del hecho causante.
Desde 1 de enero de 2030, la base reguladora de la pensión de jubilación será el resultado de dividir entre 361,67 la suma de las 310 bases de cotización de mayor importe comprendidas dentro del período de los 320 meses inmediatamente anteriores al mes previo al del hecho causante.
Desde 1 de enero de 2031, la base reguladora de la pensión de jubilación será el resultado de dividir entre 364 la suma de las 312 bases de cotización de mayor importe comprendidas dentro del período de los 324 meses inmediatamente anteriores al mes previo al del hecho causante.
Desde 1 de enero de 2032, la base reguladora de la pensión de jubilación será el resultado de dividir entre 366,33 la suma de las 314 bases de cotización de mayor importe comprendidas dentro del período de los 328 meses inmediatamente anteriores al mes previo al del hecho causante.
Desde 1 de enero de 2033, la base reguladora de la pensión de jubilación será el resultado de dividir entre 368,67 la suma de las 316 bases de cotización de mayor importe comprendidas dentro del período de los 332 meses inmediatamente anteriores al mes previo al del hecho causante.
Desde 1 de enero de 2034, la base reguladora de la pensión de jubilación será el resultado de dividir entre 371,00 la suma de las 318 bases de cotización de mayor importe comprendidas dentro del período de los 336 meses inmediatamente anteriores al mes previo al del hecho causante.
Desde 1 de enero de 2035, la base reguladora de la pensión de jubilación será el resultado de dividir entre 373,33 la suma de las 320 bases de cotización de mayor importe comprendidas dentro del período de los 340 meses inmediatamente anteriores al mes previo al del hecho causante.
Desde 1 de enero de 2036, la base reguladora de la pensión de jubilación será el resultado de dividir entre 375,67 la suma de las 322 bases de cotización de mayor importe comprendidas dentro del período de los 344 meses inmediatamente anteriores al mes previo al del hecho causante.
Desde de 1 de enero de 2037, la base reguladora de la pensión de jubilación se calculará aplicando, en su integridad, lo establecido en el artículo 209.1.

entre trabajadores por cuenta ajena y cuenta propia, así como entre hombres y mujeres para su determinación[18].

En lo que respecta al período de carencia mínimo, se exige la acreditación de 20 años de cotización a lo largo de toda la vida laboral. Por tanto, mayor que en el caso español. En cuanto a la edad y período de carencia de la pensión ordinaria, la Ley de reforma de las pensiones 214/2011, 22 de diciembre «reforma Fornero-Monti», al igual que en el caso español, inicia un proceso de cambio y transición hacia el endurecimiento de la prestación de jubilación. También, bajo la premisa del aumento de la esperanza de vida de la ciudadanía y los riesgos de insostenibilidad financiera de esta prestación si no se acometen importantes reformas.

Así, se ha producido la transición desde el 1 de enero de 2012, en el que esta edad mínima de jubilación ordinaria —pensione di vecchiaia—, en el caso de los hombres trabajadores del sector privado, funcionarios y trabajadores por cuenta propia quedó fijada en 66 años y, en el caso de las mujeres, en 66 para las funcionarias, 62 para las trabajadoras del sector privado y 63 años y 6 meses para las trabajadoras por cuenta propia. Esto en primer término, pues se estableció que estas edades referidas a las mujeres irían aumentando hasta el año 2018 para igualarse con la de los hombres. Pues bien, otro segundo período de transición fue iniciado en 2019 tanto para hombres como para mujeres hasta los 67 años (D.L. núm. 4/2019). Aunque es importante mencionar que esta edad está sujeta a posibles ampliaciones según la estimación de la esperanza de vida ya que Italia es uno de los países que cuenta con un sistema de ajuste entre la edad de jubilación y la esperanza de vida[19].

En cuanto al sistema de cálculo de la cuantía de la pensión hay que señalar que en la actualidad también se encuentra vigente un período de

18. Para mayor abundamiento acerca del régimen de la pensión de jubilación italiana véase, CASALE D. «La reforma del sistema de pensiones italiano de 2019: ¿un empeoramiento de la insostenible desigualdad del sistema de protección social?». *Revista de Derecho de la Seguridad Social Laborum*, núm. 22, 2020, pp. 185-204; TOPO A. Y PENSABENE LIONTI, G. «El sistema de pensiones en Italia. Las últimas reformas, un enfoque sobre la pensión de jubilación y reflexiones sobre el margen de sostenibilidad y adecuación», en AAVV. *La suficiencia y la sostenibilidad de las pensiones desde una perspectiva internacional. especial atención a las personas mayores,* Gómez Salado, M. A. (coord.), Vila Tierno, F. y Gutiérrez Bengoechea, M. (dirs.), 2021, pp. 119-148.

19. OCDE. *Pensions at a Glance. OECD and G20 indicators*...ob. cit. 2021, pp. 92-100; COMISIÓN EUROPEA. *Empleo, Asuntos Sociales e Inclusión. La Seguridad Social en Italia*; 2012, pp. 17-19; EUROPEAN COMISSION. *Your Social Security rights in Italy*, 2022, pp. 42-45; INSTITUTO NACIONAL DE LA SEGURIDAD SOCIAL (INPS). *Solicitud de Pensión.* Disponible en: https://www.inps.it/it/it/previdenza/domanda-di-pensione.html Consultado: 4 de julio de 2023.

transición que, en este caso finalizará en 2035, desde un método retributivo a uno contributivo, menos favorable para el pensionista. Así, quien acceda a la pensión en función del método de cálculo contributivo obtendrá una pensión anual que será determinada multiplicando el importe individual de las cotizaciones por el coeficiente de transformación establecido en una determinada tabla, que varía según la edad del trabajador en el momento de la jubilación y la esperanza de vida[20].

1.1.3. Francia

En lo que respecta a la prestación de jubilación francesa, como punto de partida es preciso indicar que se estructura en una doble pensión. La pensión básica —de reparto y paramétrica— y la complementaria —de reparto y por puntos—, cuyos requisitos configuradores difieren (Código de Seguridad Social L-351, R-351, D-351 y L-921, L-922, R-912, R-922, D-911, D912, respectivamente).

Igualmente, se hace necesario mencionar la reciente reforma llevada a cabo por la Loi núm. 2023-270 du 14 avril 2023 de financement rectificative de la sécurité sociale pour 2023, en vigor desde el 1 de septiembre de 2023, que en línea con la tendencia de otros países prevé la desaparición progresiva de los privilegios asociados a los regímenes especiales, así como el endurecimiento de los requisitos de acceso a esta pensión. Todo ello, a pesar de las fuertes protestas de los ciudadanos franceses, que durante semanas rechazaron la reforma y realizaron numerosas huelgas y manifestaciones[21].

Así, en relación con los requisitos configuradores de la pensión básica —retraite de base—, por un lado, se establece el retraso de la edad de jubilación y, por otro, se aumenta el período de carencia mínimo para cobrar el máximo de la pensión[22].

20. Este método de cálculo fue introducido por la Ley Dini de 1995 que, mediante un régimen transitorio larguísimo que finalizará en 2025, da paso del método de cálculo retributivo al contributivo. CASALE D. «La reforma del sistema de pensiones italiano de 2019...», ob. cit. pp. 187 y 202.

21. FRANCE24, 1 de septiembre de 2023. *Francia: entra en vigor la controvertida reforma pensional promovida por Macron.* https://www.france24.com/es/francia/20230901-francia-entra-en-vigor-la-controvertida-reforma-pensional-promovida-por-macron Consultado: 25 de octubre de 2023.

22. A tenor de los elementos estructurales de la pensión francesa, resulta interesante consultar COMISIÓN EUROPEA. *Empleo, Asuntos Sociales e Inclusión. La Seguridad Social en Francia,* 2012; GUTIÉRREZ PERÉZ, M. y HIERRO HIERRO, F. J. «La reforma del sistema de pensiones: una visión comparada España/Francia». *Revista de Internacional y Comparada de relaciones laborales y derecho del empleo,* vol. 7, núm. 2, 2019, pp. 74-96.

En lo que respecta a la edad, el endurecimiento se produce debido a que se modifica la edad legal de jubilación ordinaria, de 62 a 64 años para las personas nacidas a partir del 1 de septiembre de 1961, con un aumento gradual a razón de tres meses por año. Es decir, esta edad legal de 64 años será exigible para los nacidos a partir del año 1968, a partir de 2030. Aun así, es preciso aludir al hecho de que incluso con esta reforma se trata de uno de los sistemas que cuenta con una menor edad de jubilación ordinaria en el entorno europeo.

No obstante, es también importante señalar que, aunque esta edad de jubilación ordinaria sea de 64 años, las personas que se jubilan entre esta edad y los 67 —aplicable a las personas nacidas después del 1 de enero de 1955—, sufren una penalización por este motivo, a la que se puede sumar la penalización que pueda corresponder en caso de tener carreras de cotización incompletas —ambas deducciones configuran el llamado décote—. De esta manera, y en la medida en que la jubilación completa —denominada a tasa plena— se obtiene a los 67 años, el acceso a la jubilación a los 64 años está fuertemente desincentivado, siendo la edad a tasa plena la de 67[23].

En lo referente al período de carencia para cobrar la totalidad de la pensión, es decir, el 50% de la base reguladora, se ha establecido un aumento hasta los 43 años, a acreditar mediante trimestres cotizados. Esto, teniendo en cuenta que este aumento del período de carencia, al igual que en el caso español, viene siendo objeto de un aumento gradual. Desde los 160 meses (40 años) para los nacidos antes de 1949 hasta los 172 meses (43 años) para los nacidos a partir de 1965. Así, las cifras son: 167 trimestres para los nacidos en los años 1958, 1959 y 1960; 168 trimestres desde el 1 de enero de 1961 hasta el 31 de agosto del mismo año; 169 trimestres desde el 1 de septiembre de 1961 hasta el 31 de diciembre de 1962; 170 trimestres para el año 1963; 171 para 1964 y 172 para el año 1965 y posteriores. Luego, será exigible a partir de 2027.

En cuanto al cálculo de la cuantía de la prestación, es preciso mencionar que se trata de un sistema de doble cotización, en el sentido de que cada trabajador cotiza simultáneamente a dos cajas de vejez. La de bases y la complementaria obligatoria, que sigue un sistema de puntos. De este modo, al acceder a la jubilación se recibe una pensión compuesta por dos sumandos: el de la pensión de base más el de la pensión complementaria.

La base reguladora de la pensión de base se calcula teniendo en cuenta la media de las bases de cotización de los 25 mejores años de cotización,

23. FUNDACIÓN MAPFRE. *Economics, Sistemas de pensiones en perspectiva global*, Madrid, 2021, p. 119.

sobre la que se aplica un porcentaje que viene determinado por la duración total de la vida laboral computada en trimestres —para el cómputo de estos trimestres se exige acreditar unos ingresos de 150 veces el salario mínimo horario—, conforme a una escala que atiende al año de nacimiento del asegurado. Así, la cuantía de esta pensión se calcula sobre tres elementos: el salario anual medio (25 mejores años), el tipo de liquidación (entre el 27,5 % y el 50 %) y la duración de afiliación acumulada en el régimen. Esto, teniendo en cuenta que a quienes acrediten una carrera de cotización completa se les aplica el 50% sobre la base reguladora, y a quienes cuenten con un menor período de carencia se les asigna un coeficiente de minoración que viene determinado por el número de trimestres faltantes para la carrera de cotización completa y el año de nacimiento —una decote o tasa reducida—. Si además se trata de una persona que se jubila antes de los 67 años, se añade también la reducción adicional correspondiente. De este modo, la cuantía máxima a percibir en concepto de pensión de base de jubilación es hasta el 50% del importe resultante de la media de las cotizaciones de los mejores 25 años cotizados.

Por su parte, la pensión complementaria —retraite complementaire— también cuenta con una edad mínima de jubilación, que coincide con la fijada para la pensión básica, siempre que a dicha edad se esté en condiciones de obtener la pensión básica completa.

En cuanto a su cuantía, se calcula conforme a un sistema de puntos acumulados —puntos Agirc-Arrco— a un plan de pensiones de empleo de carácter obligatorio, según las cotizaciones de toda la vida laboral en lugar de respecto de los ingresos de los últimos 25 años, tal y como ocurre con la pensión básica. Así, cada año las cotizaciones se convierten en puntos de jubilación que se acumulan en una cuenta individual. Finalmente, el cálculo del importe de esta pensión se realiza multiplicando el número de puntos acumulados en la cuenta por el valor del punto establecido cada año.

1.1.4. Estados Unidos

Otro de los sistemas que se ha considerado conveniente tomar como referencia ha sido el de Estados Unidos pues, en la medida en que es una gran potencia mundial, es previsible que cuente con un alto flujo de movilidad profesional y, por tanto, con un amplio número de trabajadores con períodos de cotización en su sistema público de pensiones —regulado por la Social Security Act, de 14 de agosto de1935—.

Al igual que los sistemas anteriores, el nivel básico —Social Security— se configura a partir de una prestación de naturaleza contributiva y sistema de reparto, a la que pueden acceder las personas trabajadoras que tengan la edad legal de jubilación, que es de 67 años. Aunque esta edad es para quienes hayan nacido a partir de 1960 ya que en caso contrario es de 66. Es decir, los 67 años se exigirán para quienes soliciten la prestación a partir del 1 de enero de 2026. Luego, este sistema es otra muestra más de la tendencia al retraso en el acceso a la jubilación que desde la última década se viene produciendo a nivel mundial.

Además de la edad, y en línea con el resto de los sistemas descritos, se exige un mínimo de tiempo cotizado. Aunque en este caso, a través de una fórmula específica de créditos. Concretamente, se exige un mínimo de 40 créditos —equivalente a un período de carencia de diez años—, que se van acumulando año a año según el salario total o ingresos, con un máximo de cuatro créditos por año. En 2023, la cantidad exigida ha sido de 1.640 dólares por crédito[24].

En cuanto al cálculo de la pensión, la base reguladora se calcula a partir de los treinta y cinco años con mayores salarios, actualizados según su evolución hasta que el cotizante cumple los 60 años. Un esquema similar al de los sistemas anteriores, aunque con el elemento diferencial de que el porcentaje a aplicar sobre esta base reguladora se realiza por tramos, que van disminuyendo según aumenta el salario —tasa de reemplazo—. Por tanto, se trata de un sistema de carácter redistributivo hacia rentas inferiores en el que las pensiones caen sustancialmente a medida que aumenta el nivel de renta. Por este motivo, para los trabajadores que cuentan con altos ingresos los planes complementarios de pensiones privados resultan claves. De hecho, es usual que la existencia de un plan de pensiones empresarial forme parte del contenido de las condiciones laborales, tanto a nivel individual como colectivo, ya que en ocasiones es incluso la negociación colectiva la que los exige[25].

1.1.5. Japón

Otro país que se enfrenta al gran reto del envejecimiento poblacional que, como se ha dicho, es la causa de las tendencias reformistas en materia

24. SOCIAL SECURITY. *Retirement Social Security*. Disponible en: https://www.ssa.gov/retirement Consultado: 30 de noviembre de 2023; USA.GOV. *Retirement planning tools*. Disponible en: https://www.usa.gov/es/herramientas-planear-jubilacion Consultado: 30 de noviembre de 2023; BIGGS, A. AMERICAN ENTERPRISE INSTITUTE. *Replacement Rates and the Retirement Crisis*, 2023; MUNNELL, A. H. «Financial Social Security Perspectives: the update of the perspective of 2023». *Chestnut hill, MA: Retirement Research Center of Boston College*, shortly 23-9, 2023.
25. FUNDACIÓN MAPFRE. *Economics, Sistemas de pensiones en perspectiva global*...ob. cit. pp. 69-75.

de jubilación en la mayoría de los países, es Japón. Así, resulta conveniente analizar cómo este país está haciendo frente a este reto demográfico en contraste con el acceso a la jubilación. Recuérdese que, según la ONU, en el horizonte 2050 Japón contará con un 37,5% de personas con 65 o más años, situándose como el tercer país del mundo con mayor previsión de población envejecida. Además, representa el país del mundo con la menor *ratio* de fuerza laboral por persona. Concretamente, en 2020 se situó en 1,8 personas en edad de trabajar (entre 20 y 64 años) por cada persona mayor de 65 años y para el año 2050 la previsión es que dicha cifra descienda hasta las 1,2 personas[26].

La regulación del actual sistema de jubilación, denominado Kokumin Nenkin tiene su base en la Ley de 1954 del seguro de pensiones para los empleados y en la Ley Nacional de Pensiones de 1959. Además, es de destacar la reforma de 1985 a través de la que se diseñó el sistema de seguridad social y pensiones actual.

Este sistema se articula de forma similar al francés, con una pensión nacional básica —Rorei Kiso Nenkin— y otra para empleados denominada *kōsei nenkin, a la que pueden acogerse los trabajadores de* empresas cubiertas por este seguro social —corporaciones sociales (sociedades anónimas, etc.), empresas privadas con 5 empleados o más (excepto las de agricultura, silvicultura, pesca y servicios) y empresas en las que opcionalmente se aplica como consecuencia de un acuerdo entre el empleador y los empleados—. *En caso de no acogerse a esta última pensión, se recibe la pensión nacional básica, siempre y cuando se cumpla con los requisitos para ello*[27].

Las edades de acceso a la jubilación y períodos de carencia de ambas pensiones son de 65 años con un período de carencia mínimo de 10 años en la pensión básica y de al menos un mes en la adicional de empleados, siempre que se tenga derecho a la pensión básica.

En lo que respecta a las cuantías a percibir, la pensión básica cuenta con un importe que es igual para todos los pensionistas ya que también se cotiza por todas las personas de igual modo y durante toda la vida, según la cuantía determinada anualmente —personas aseguradas categoría I—. Concretamente, todas las personas registradas como residentes en Japón, con independencia de la nacionalidad, con edades comprendidas entre los 20 y los 59 años deben estar cubiertas por el sistema de pensiones nacional y pagar

26. *Ibidem*, pp. 46-47 y ONU. *World Population Ageing Report*...ob. cit. p. 5.
27. FUNDACIÓN MAPFRE. *Economics, Sistemas de pensiones en perspectiva global*...ob. cit. pp.131-138; NENKIN. JAPAN PENSION SERVICE. Disponible en: https://www.nenkin.go.jp/ Consultado: 27 de octubre de 2023.

las cuotas correspondientes —desde abril de 2023 hasta marzo de 2024 es de 16.520 yenes (104,58 euros)—. En caso de falta de algún pago, este período puede actualizarse con el pago de cuotas retroactivamente hasta 10 años, aunque acompañado de un recargo por este retraso. La obtención de la cuantía máxima del 100% exige un período de pago de 40 años. Aunque este porcentaje puede aumentarse considerablemente si se accede a la prestación con posterioridad a la edad legal, hasta un 142% a los 70 años.

En cuanto al fondo de pensiones para empleados *kōsei nenkin —personas aseguradas categoría II—, la cuantía viene determinada por las cotizaciones de cada trabajador según sus ingresos —asumidas a partes iguales por trabajador y empresa— y los meses contribuidos al sistema. Como esta pensión es complementaria, la cuantía a percibir es mayor que* en el caso de la pensión básica.

Desde una perspectiva de movilidad es interesante aludir al hecho de que junto a lo anterior existe también un sistema específico para los extranjeros residentes en Japón de manera temporal. Se trata de un sistema de pago de la suma alzada por retiro —Dattai Ichiji-kin—, que se hace en concepto de devolución de lo invertido si se abandona el país con vuelta permanente al país natal. Aunque solo de manera parcial.

Los requisitos para recibir este reembolso parcial de jubilación son haber contribuido al sistema como persona asegurada en cualquiera de las dos pensiones, la básica o la de empleados, durante un mínimo de 6 meses y solicitarlo en el plazo máximo de 2 años tras la baja en el sistema de pensiones japonés y la pérdida de una dirección registrada como residencia en el país. Ello, siempre y cuando no se haya cotizado el mínimo de carencia de 10 años que permite recibir la pensión de jubilación japonesa y además no se perciba ninguna otra prestación de este sistema, incluida la de discapacidad.

La cuantía del reembolso depende del tiempo de cotización y de las cuotas mensuales abonadas al sistema, así como del período de esta afiliación. Si este período es anterior a marzo de 2021, el límite máximo a reembolsar es el equivalente a tres años de cotizaciones. Si, por el contrario, se extiende más allá de esta fecha, el límite se extiende hasta los cinco. Por ello, si los períodos temporales de residencia en Japón son repetidos y por un tiempo superior a estos máximos, es conveniente solicitar este reembolso cada vez que se abandona el país. Esto, en el caso de que se opte por ello pues, es preciso tener en cuenta que, si el retorno se produce a un país que cuenta con un convenio bilateral de Seguridad Social con Japón, cono es el caso de España, si se solicita el pago de esta pensión de suma alzada no es posible contabilizar dichos períodos de cotización para una futura prestación en España mediante el principio de totalización de cotizaciones, al que en el próximo epígrafe se hará referencia. Luego, en estos casos es conveniente hacer una comparativa acerca de qué posibilidad resulta más beneficiosa[28].

1.1.6. Colombia

En lo que respecta al sistema colombiano, los trabajadores pueden elegir entre contribuir a un sistema de pensiones público de prestación definida —el solidario de Prima Media con Prestación Definida (RPM), llamado Colpensiones—, o a uno privado de capitalización individual, que es por el que opta la mayoría —Régimen de Ahorro Individual con Solidaridad (RAIS)—. Existe libertad para escoger el régimen, pero una vez efectuada la selección inicial solo se puede cambiar una vez cada cinco años. Además, en los 10 años anteriores a la edad legal de jubilación tampoco es posible el cambio[29].

En cuanto a los elementos configuradores de la pensión pública de jubilación, hay que señalar que cuenta con una edad legal de 62 años para los hombres y 57 para las mujeres, sin que se prevea su modificación o aumento. En cuanto al período de carencia a acreditar, se exige un mínimo de cotización de 1.300 semanas —equivalente a 25 años— en cualquiera de los dos sistemas.

Así, tal y como ya se ha indicado anteriormente, la edad de este sistema es considerablemente reducida con respecto a la tendencia y criterio mayoritario de los países en el contexto mundial[30]. Aunque, si *a priori* este aspecto pudiera resultar atractivo, la realidad es que es consecuencia de la reducida esperanza de vida de los ciudadanos de este país una vez alcanzada la edad de jubilación. De hecho, los hombres no alcanzan ni a gozar de una década de la pensión ya que la esperanza de vida media al nacer para el año 2021 se estimó en 72,83 años, con un reparto de 76,44 años para las mujeres y 69,4 años para los hombres. En España, para el mismo período estos datos se

28. NENKIN. JAPAN PENSION SERVICE. Disponible en: https://www.nenkin.go.jp/international/pamphlet/spanish/index.html Consultado: 27 de octubre de 2023.
29. AZUERO ZÚÑIGA, F. «El sistema de pensiones en Colombia. Institucionalidad, gasto público y sostenibilidad financiera», *serie Macroeconomía del Desarrollo,* núm. 206 (LC/TS.2020/63), Santiago, Comisión Económica para América Latina y el Caribe (CEPAL), 2020, pp. 11-17.
30. GOV.CO DEL ESTADO COLOMBIANO. *Cómo funciona el sistema pensional colombiano.* Disponible en: (colpensiones.gov.co) Consultado: 1 de noviembre de 2023.

situaron en 83,07 de media, con 85,83 para las mujeres y 80,27 para los hombres[31].

La cuantía de la pensión, al igual que en otros sistemas, depende del tiempo de cotización y el importe de los salarios que han conformado las cotizaciones, aunque para quienes cuentan con ingresos inferiores al salario mínimo mensual, se prevé la posibilidad de ampliar esta cotización a través de aportaciones mensuales y flexibles realizadas en el programa Colombia mayor. Son los llamados Beneficios Económicos Periódicos (BEPS), al que pueden acogerse los colombianos mayores de dieciocho años que cumplan con los requisitos económicos señalados en las líneas anteriores. Además, lo interesante de este sistema es que el Estado colombiano abona un 20% adicional a la cifra aportada a través de este programa una vez cumplido el período obligatorio de cotización.

Su cálculo se realiza a partir de un porcentaje —tasa de reemplazo— sobre el ingreso de base de liquidación (IBL) —equivalente a la base reguladora—, que es calculada a partir del promedio de los salarios cotizados en los últimos 10 años o a lo largo de toda la vida laboral. Lo más favorable para el trabajador. El porcentaje por aplicar depende del número de semanas cotizadas, con unos porcentajes que oscilan entre el 55% y el 65% en forma decreciente según el nivel de ingresos, para un trabajador que haya cotizado el mínimo de semanas requeridas —1.300—. Por cada 50 semanas adicionales, este porcentaje se incrementa hasta llegar al máximo señalado del 80%.

En lo que respecta al RAIS, los trabajadores pueden obtener la pensión a la edad que escojan, siempre y cuando el capital que hayan acumulado en su cuente de ahorro individual les permita obtener una pensión mensual superior al 110% del salario mínimo. Su cuantía depende del capital acumulado en la cuenta del trabajador y sus rendimientos y la estimación de la duración de la pensión según la edad del trabajador, la del cónyuge y la de los hijos que pudieran tener derecho a la pensión de supervivencia.

Por último, también es preciso hacer mención de que existe un programa llamado Colombianos en el Exterior, que es a través del que se solicita esta pensión en el contexto de movilidad con los países con los que Colombia tiene suscritos convenios bilaterales o multilaterales en materia de Seguridad Social. Entre ellos, España.

31. DATOS MACRO. *Esperanza de vida al nacer* Disponible en: https://datosmacro.expansion.com/demografia/esperanza-vida Consultado: 1 de noviembre de 2023.

2. LOS DERECHOS PRESTACIONALES EN EL CONTEXTO DE LA MOVILIDAD TRANSNACIONAL. LA PORTABILIDAD DE DERECHOS

En términos generales, el término portabilidad de derechos hace referencia al derecho a recibir una prestación de Seguridad Social en un territorio distinto de aquel en el que se han realizado las cotizaciones, como si éstas hubieran ocurrido en el Estado ante el que se solicitan. Esto, tanto si se refiere a la conservación de una prestación reconocida con carácter previo a la movilidad o cambio de residencia como al acceso a una futura prestación para la que se exige tener cubierto un determinado período de cotización o requisito de residencia (arts. 5-10 del Reglamento 883/2004 y equivalentes en los convenios internacionales).

Además, en el caso de las prestaciones en metálico —salvo disposición en contrario de las normas de coordinación—, sin que el cambio de residencia con respecto al país o países en cuya legislación se originaron pueda ocasionar una reducción, modificación, suspensión, supresión o confiscación. Es decir, la persona asegurada y sus beneficiarios que residan o se encuentren en un Estado parte distinto del competente tienen derecho a recibir las prestaciones en metálico por parte de éste, de conformidad con su legislación[32].

Luego, se trata de un instrumento legal que actúa como excepción al criterio de territorialidad clásicamente fijado en los distintos sistemas de Seguridad Social, que permite ampliar el ámbito geográfico estrictamente nacional de estos ordenamientos internos al espacio territorial internacional, evitando así que su estricta aplicación pueda convertirse en un obstáculo a la libre circulación de trabajadores. Ello, siempre y cuando el traslado se produzca en el marco de los países firmantes de las normas de coordinación que reconozcan tal principio y en los términos definidos por estos.

32. El reglamento 883/2004 define como institución competente a: «i) la institución a la cual el interesado esté afiliado en el momento de la solicitud de prestaciones, o ii) la institución de la cual el interesado tenga derecho a obtener prestaciones, o tendría derecho a ellas si él o uno o más miembros de su familia residieran en el Estado miembro donde se encuentra esta institución, o iii) la institución designada por la autoridad competente del Estado miembro de que se trate» (artículo 1 letra q). Como institución del lugar de residencia o estancia, respectivamente, a: «la institución habilitada para conceder las prestaciones en el lugar en que reside el interesado, y la institución habilitada para conceder las prestaciones en el lugar en que se encuentra, según la legislación que aplique esta institución o, si dicha institución no existe, la institución designada por la autoridad competente del Estado miembro de que se trate» (artículo 1 letra r).

De este modo, resulta preciso acudir a las reglas de portabilidad de derechos previstas en los reglamentos de coordinación de los países miembros y convenios bilaterales y multilaterales de Seguridad Social, en su caso, sustentadas sobre el principio de asimilación de prestaciones, ingresos, hechos o acontecimientos. Limitado a su vez, por el de no acumulación de prestaciones. Es decir, sin que, salvo disposición en contrario, sea posible conferir ni mantener el derecho a disfrutar de varias prestaciones de la misma naturaleza relativas a un mismo período de seguro obligatorio. O, dicho de otro modo, sin que esta asimilación se produzca de manera automática y sistemáticamente, ya que ello podría producir efectos indeseados y la inaplicación de otros principios previstos por la propia normativa[33]. Así, a efectos jubilación implica que dos prestaciones de distintos países pueden ser equivalentes, pero no idénticas, de manera que cada Estado es competente para determinar las condiciones y requisitos para la concesión de sus prestaciones, sin más limitaciones que las previstas en las normas de coordinación[34]. Cabe, por tanto, abordar qué significa la portabilidad de derechos, cómo se lleva a cabo y bajo qué legislación.

2.1. PRINCIPIO DE CONSERVACIÓN DE LOS DERECHOS ADQUIRIDOS

El principio de conservación de un derecho ya adquirido por el trabajador cuando se traslada al extranjero, también llamado exportación de las prestaciones, es el que permite al beneficiario seguir percibiendo la prestación, en los mismos términos, a pesar del cambio de residencia. Por supuesto, a cargo del país en el que se ha generado tal derecho prestacional.

Así, un trabajador que ha visto reconocida una prestación de jubilación en su país de origen de manera previa al traslado, puede solicitar la exportación de la prestación para seguir disfrutándola tras el cambio de residencia a uno de los países firmantes de las normas de coordinación que recíprocamente reconozca dicha prestación en su ámbito objetivo de aplicación. Esto, con independencia de si las cotizaciones que han generado el derecho a dicha prestación se han realizado en un único país o en varios. Por tanto,

33. Entre otras, SSTJUE c-20/75, d'Amico; c-41/77, Warry; c-1/78, Kenny; c-237/78, Toia; c-110/79, Coonan; c-284/84, Spruyt; c-20/85, Roviello; c-228/88, Bronzino; c-321/93, Imbernon Martinez; c-266/95, Merino Garcia; c-131/96, Mora Romero; c-257/10, Bergström; c-523/13, Larcher; c-507/06, Klöppel; c-284/15, Onem; c-431/16, Blanco Marqués.

34. GALA DURÁN, C. «El alcance de la regla de no acumulación de pensiones del art.46 bis.3.c) del reglamento 1408/71. (Comentario a la STJUE de 12 de febrero de 2015, asunto C-114/13)». *Revista de Derecho de la Seguridad Social Laborum*, núm. extra, 2015, 455-461; GARCÍA DE CORTÁZAR NEBREDA, C. «Principio de asimilación en el reglamento 883/2004». *Revista Internacional de la Protección Social*, vol. III, núm. 1, 2018, pp. 9 y 14. http://dx.doi.org/10.12795/e-RIPS.2018.i02.02

resulta aplicable tanto a los trabajadores que han ejecutado la actividad en un contexto de movilidad internacional como a quienes han permanecido a largo de su vida laboral cotizando en un único sistema de Seguridad Social.

Sería el caso, por ejemplo, de un trabajador español que ha trabajado y cotizado durante toda su vida laboral en el extranjero que, una vez reconocida su pensión extranjera decide retornar a España para disfrutar de la jubilación en su país de origen. Igualmente, el de cualquier ciudadano europeo que una vez reconocida su pensión de jubilación en el país que corresponda decide trasladar su residencia a España. Por supuesto, también ocurre en el sentido opuesto, es decir, cuando se trata de la exportación de una pensión de jubilación reconocida en España a otro país. Todo ello, teniendo en cuenta que, lógicamente, esta posibilidad se circunscribe tan sólo a la vía contributiva, pues en el caso de la no contributiva se mantiene la exigencia de que el lugar de residencia coincida con el del país que la reconoce. En cualquier caso, con respecto a la pensión de jubilación su aplicación no implica grandes dificultades.

2.2. PRINCIPIO DE CONSERVACIÓN DE LOS DERECHOS EN VÍAS DE ADQUISICIÓN. TOTALIZACIÓN DE PERÍODOS DE COTIZACIÓN

Este principio de conservación de los derechos en vías de adquisición hace referencia a los derechos prestacionales que, al exigir un largo período de carencia, aún no han sido adquiridos o disfrutados por el trabajador cuando abandona el país de cotización y se traslada al extranjero, pero sobre los que existe una pretensión de disfrute en el futuro. Por tanto, al contrario que en el caso anterior, no se trata de mantener un derecho del que ya se es titular, sino de garantizar la expectativa de obtenerlo. Los ejemplos más claros de ello son las prestaciones de jubilación, incapacidad permanente y muerte y supervivencia, por ser las que mayores períodos de cotización exigen. Si bien, en esta obra tan sólo se hará mención a la jubilación.

Mediante esta fórmula, también llamada totalización de los periodos de cotización, el país competente para reconocer la prestación incluye en el cómputo del período exigido por su legislación a las cotizaciones realizadas fuera de su territorio, como si se tratara de períodos cubiertos bajo su legislación, cuando ello sea necesario. Es el caso, por ejemplo, de la institución española al reconocer las cotizaciones realizadas en otros países a efectos del cómputo del período de carencia mínimo de 15 años exigido para reconocer la prestación de jubilación.

De esta manera, se permite que las personas que han trabajado y cotizado en distintos territorios vean reconocidos y tenidos en cuenta estos períodos para acceder a la prestación de jubilación en otro país. Esto, siempre y cuando se trate de cotizaciones realizadas entre países que cuentan con normas de coordinación que recíprocamente reconocen tales períodos. Por tanto, el elemento central que rige su aplicación es el territorio en el que se produce esta movilidad profesional.

No obstante, es preciso señalar que la aplicación de este principio no se encuentra exenta de problemáticas de tipo práctico relacionadas con la falta de armonización de los distintos sistemas de Seguridad Social. Por ello, hacer mención de la portabilidad de derechos implica la necesidad de concretar ciertos aspectos como el dónde se solicita la prestación; cómo se acredita la situación alta o situación asimilada; qué legislación resulta aplicable a efectos de su reconocimiento y cómo se calcula su cuantía.

Comenzando con la aplicación de la normativa de los países miembros —reglamento de base 883/2004 y reglamento de aplicación 987/2009—, por ejemplo, con un trabajador español que cuenta con un período de cotización de veinte años en el sistema francés, ocho en Italia y otros diez en el sistema español, la cuestión a determinar es si tiene derecho a una prestación de jubilación, bajo qué legislación y dónde ha de solicitarla.

En cuanto a la solicitud de la prestación, esta normativa señala como institución competente a la del país de residencia al momento de la contingencia, es decir, del cese de la actividad una vez alcanzada la edad legal de jubilación. Esto, siempre y cuando se haya trabajado y cotizado en él pues, en caso contrario, esta institución ha de trasladar la solicitud a la del país miembro en el que se trabajó y cotizó en último lugar.

En el supuesto señalado anteriormente del trabajador español que cuenta con una carrera de cotización de 38 años, fraccionada en Francia, Estados Unidos y España, la institución competente es la española, por ser el último país en el que constan cotizaciones. Así, si este trabajador reside en España en el momento de la contingencia, ha de solicitar la prestación ante la institución competente de este país, el Instituto Nacional de la Seguridad Social —INSS—, y en caso contrario, solicitarla ante el país en el que resida para que su institución competente la remita a España. Por tanto, la institución española es la responsable de coordinarse con el resto de las administraciones competentes de los distintos países en los que existan cotizaciones del trabajador, para que cada una de ellas determine el derecho a la prestación según su legislación, salvo que el interesado pida expresamente que la liquidación se difiera con arreglo a la legislación de uno o varios Estados miembros (art. 50.1. reglamento 883/2004).

De este modo, cada país en el que se ha trabajado reconoce el derecho a la prestación de jubilación, en su caso, según su legislación, de tal manera que si el trabajador cumple con los requisitos exigidos por cada uno de ellos recibe una pensión por parte de cada país —pensión nacional—. Esto, esto teniendo en consideración que la edad legal de jubilación, período de carencia y fórmula de cálculo de la prestación difiere de unos a otros.

Con respecto al requisito de alta o situación asimilada en el momento de la contingencia o cese de la actividad, que es necesario para el reconocimiento de cualquier prestación contributiva, es importante señalar que se entiende cumplido si la persona está asegurada por la misma contingencia según la legislación de otro país o, en su defecto, es beneficiario de una prestación de la misma naturaleza. Criterio que es también utilizado a efectos de considerar acreditado un determinado período de carencia específico, como es el caso de la pensión española, que exige un período mínimo de cotización de quince años, de los cuales al menos dos deben estar comprendidos dentro de los quince años inmediatamente anteriores al momento de causar el derecho. Luego, según esto, si este requisito no se cumple teniendo en cuenta sólo las cotizaciones realizadas en España, se acude a los períodos de seguro o residencia cumplidos en otros Estados miembros o la posible titularidad de pensionista de otro Estado por el mismo riesgo en los años anteriores a la última cotización, bien sea en España o en otro Estado miembro (art. 6 reglamento de base).

Continuando con la hipótesis descrita y, partiendo de la premisa de que el requisito de alta o situación asimilada se encuentra cumplido según lo expuesto en las líneas anteriores, el trabajador sólo tiene derecho a recibir una pensión nacional por parte de Francia, pero no de Italia ni de España, pues en estos países no se ha trabajado y cotizado lo suficiente para alcanzar el período mínimo exigido por sus legislaciones —en Italia se han cotizado ocho años de los 20 exigidos y en España 10 de 15—. Además, la cuantía de la pensión francesa, en un importe no muy elevado pues, tan sólo se cuenta con una cotización de 20 años sobre los 42 exigidos para la cuantía completa.

Pues bien, ante estas situaciones se procede a utilizar el mecanismo de totalización previsto por las normativas de coordinación —tanto los reglamentos de los países miembros como los convenios bilaterales y multilaterales—, que permite acumular las cotizaciones realizadas en los distintos países y, con ello, generar el derecho a la pensión en cada uno de ellos con respecto al período de carencia exigido. Es decir, se totalizan los veinte años del sistema francés, los ocho de Italia y los diez de España y se computan como si hubiesen sido cotizados en el país que reconoce la prestación. En total treinta y ocho años de cotización. De esta manera, este trabajador puede ver reconocida una pensión por totalización en cada uno de estos países, según su legislación.

Ahora bien, es preciso advertir que, aunque las cotizaciones realizadas en otros países se tengan en cuenta a efectos de reconocer una pensión, cada país paga sólo en proporción al tiempo cotizado en su territorio —principio prorrata temporis—. Luego, cuestión distinta es la totalización de los períodos a efectos de acceso que de cálculo de la cuantía de la prestación. Así, se procede según lo siguiente (art. 52 del reglamento de base y equivalentes de cada convenio):

- Prestación nacional: cada país determina si la persona asegurada tiene derecho a la prestación de jubilación, según su legislación y períodos de cotización efectuados en dicho país —pensión nacional—.
- Cálculo de la pensión aplicando el principio de totalización de los períodos cotizados, en proporción a lo contribuido en dicho país y en referencia al total de los años **cotizados en todos los países.** De esta manera, se calcula un importe teórico y posteriormente un importe real —prestación prorrateada—:
  - Pensión teórica: se calcula la pensión en referencia al total de los períodos de cotización o residencia cumplidos en todos los países, cuyo importe coincide con la prestación que el solicitante hubiera recibido en el supuesto de que todos los períodos de seguro y/o de residencia cumplidos de acuerdo con las legisla ciones de los distintos Estados Parte se hubieran cumplido de acuerdo con la legislación que dicha institución aplique en la fecha en que se liquide la prestación[35]. Incluyéndose además las posibles bonificaciones ficticias y las concedidas por edad (SSTJCE, de 3 de octubre de 2002, c-347/100, Barreira Pérez; 18 de febrero de 1992, c-5/91, Di Prinzio).

35. El cálculo de la prestación teórica española se realiza sobre las bases de cotización reales de la persona durante los años inmediatamente anteriores a la última cotización a la Seguridad Social española, actualizadas. Además, si en este período de referencia a efectos de cálculo se han de tener en cuenta otras cotizaciones o períodos de residencia cubiertos bajo la legislación de otro/s Estado/s miembro/s, se utiliza la base de cotización que más se le aproxime en el tiempo, actualizada según el índice de precios

 - A partir de la pensión teórica, se procede al cálculo de la pensión real prorrateada, según la proporción de los períodos cotizados en cada país prestador y de acuerdo con su legislación.

- Reconocimiento de la pensión más alta entre la nacional y la prorrateada, en su caso, ya que este mecanismo no se aplica automáticamente a todos los convenios bilaterales. De hecho, Canadá, Marruecos, Chile, México, Venezuela, Filipinas y Estados Unidos sólo proceden a calcular la pensión prorrateada cuando con las cotizaciones existentes en su sistema no se cumplen los requisitos para obtener la pensión nacional, en cuyo caso, también se recibe la más alta. En el resto, la dinámica coincide con la de los países miembros.

No obstante, es preciso tener en consideración que los países están obligados a aplicar este sistema de prorrateo sólo cuando se cuente con períodos de cotización o residencia iguales o superiores a un año bajo su legislación. Esto, salvo que como consecuencia de la aplicación de este principio el trabajador no pueda ver reconocido ningún derecho prestacional en ninguno

al consumo. Acerca de las problemáticas que tradicionalmente se han venido producido a estos efectos véase, DESDENTADO DAROCA, E. «De nuevo sobre los problemas de cálculo de la base reguladora de las pensiones de los trabajadores migrantes. El Caso Salgado González y la STJUE de 21 de febrero de 2013». *Revista de Derecho Social*, núm. 62, 2013; LOUSADA AROCHENA, J. F. «Las bases reguladoras de las pensiones nacionales de los trabajadores migrantes españoles en la Unión Europea». *Revista del Ministerio de Trabajo, Migraciones y Seguridad Social*, núm. 142, 2019, pp. 191-220. Sobre las problemáticas de tipo práctico que plantea la coordinación de los sistemas de Seguridad Social véase, CARRILLO MÁRQUÉZ, D. *Protección social de los mayores: la jubilación. Puntos críticos.* Es conveniente también hacer alusión al criterio interpretativo de la propia Seguridad Social española con respecto a la jubilación demorada que indica que, si la duración de los periodos de seguro cumplidos antes del hecho causante de acuerdo con las legislaciones de todos los Estados en los que el interesado haya estado asegurado es superior a la duración máxima requerida por la legislación de uno de esos Estados para obtener una pensión completa, la institución competente de este Estado tomará en consideración dicha duración máxima en lugar de la duración total de dichos periodos. Señala que la inclusión de los periodos computados en otros países tanto a efectos de totalización como de prorrata puede implicar un perjuicio para los trabajadores que acrediten una vida laboral larga, ya que el incremento que experimenta la pensión teórica al incluir los períodos cotizados o de residencia en otro país es inferior a la disminución que supone la aplicación a esa pensión teórica de un porcentaje prorrata inferior. Por ello, estipula que se procede a calcular la pensión teniendo en cuenta los distintos tramos que correspondan en función del periodo de seguro acreditado y a reconocer la cuantía de pensión más elevada. INSTITUTO NACIONAL DE LA SEGURIDAD SOCIAL. SUBDIRECCIÓN GENERAL DE ORDENACIÓN Y ASISTENCIA JURÍDICA. *Consulta: 16/2016, de 7 de septiembre de 2016, sobre coordinación del límite en la prorrata con los coeficientes reductores y con el porcentaje adicional por demora.*

de los países en los que ha cotizado o residido, en cuyo caso, la prestación se concede con arreglo a la legislación del último de estos países, como si todos los períodos de seguro y residencia cumplidos se hubieran cumplido bajo la legislación de dicho país (art. 57 reglamento de base).

De esta manera, en el ejemplo descrito, el trabajador solicita la prestación ante la institución competente española, que es la encargada de coordinarse con Francia e Italia para que estos países reconozcan su prestación nacional, en su caso, que pagan de manera proporcional a los años cotizados en su sistema de Seguridad Social. Así, la administración francesa calcula la pensión nacional por los veinte años de cotización en su sistema de Seguridad Social. Por ejemplo, 800 euros. Además, calcula la pensión teórica, es decir, la que se obtendría si el total de años cotizados (38 años) se hubiesen realizado en el sistema francés. Por ejemplo, 1.500 euros. A partir de aquí se procede a hacer el cálculo de la pensión prorrateada, es decir, en proporción a los años cotizados en Francia: 1.500 eurosx20/38años= 789 euros. Al ser este importe menor que el de la pensión nacional, se reconoce ésta y no la totalizada prorrateada.

En el caso de Italia y España no se cuenta con el mínimo de carencia para ver reconocida una pensión nacional. En lo que respecta a la pensión totalizada y prorrateada si, por ejemplo, en el caso de España ese período de 38 años de cotización supone una pensión teórica de 1.400 euros, se procede a realizar el prorrateo: 1.400x10/38=368 euros. Con respecto a Italia, si la pensión teórica es de 1.300 euros: 1.300x8/38=273 euros. En definitiva, se recibiría una pensión de 1.441 euros —800 euros de Francia, 368 de España y 273 de Italia—.

Con todo, una cuestión importante a advertir es que el trabajador tiene derecho a recibir estas pensiones a distintas edades, según las exigidas por la legislación de cada país en el momento de la solicitud. Es decir, en el caso de las edades futuras señaladas anteriormente, en Francia a los 64 años, en España a los 67 y en Italia a los 71. Así, a los 64 años recibiría la pensión nacional francesa, que se vería complementada a los 67 con la española y a los 71 con la italiana. Además, en régimen de compatibilidad con el posible ejercicio de la actividad profesional o laboral en otro país del que aún no se percibe ninguna pensión. Es decir, el percibo de la pensión francesa es compatible con el desempeño de la actividad en España, cuando aún no se ha solicitado la prestación por no contar con los requisitos para ello. Luego, a estos efectos, cada sistema analiza la contingencia, es decir, el cese de la actividad según el último trabajo realizado en su territorio.

Con respecto a la movilidad profesional en el contexto de los países con convenios bilaterales o multilaterales, como se ha dicho, el sistema que rige resulta similar al previsto en el ámbito europeo. Así, un trabajador que cuenta con 20 años de cotización en Estados Unidos y 15 en España, donde reside al momento de cesar su actividad laboral con 67 años, ha de solicitar la prestación ante el INSS, que procede a coordinarse con la institución de Seguridad Social estadounidense. En este caso, el trabajador cuenta con el período mínimo de carencia de cada país —en Estados Unidos se exigen 10 años y en España 15—, de manera que puede recibir una pensión de cada uno de ellos sin acudir al mecanismo de totalización.

Sin embargo, si en lugar de tener 15 años de cotización en España se tiene un período menor, por ejemplo, 13 años, sí que resulta necesario totalizar las cotizaciones españolas y estadounidenses para generar el derecho a la pensión mínima en España. Así, estas cotizaciones son totalizadas y, con ello, se genera el derecho a recibir dos pensiones. Una estadounidense, cuyo importe depende de su legislación y del ajuste a la proporción del tiempo cotizado de 20 años —pensión nacional—. Otra española, reconocida en proporción a ese tiempo de cotización de 13 años —prestación totalizada y prorrateada—.

Téngase en cuenta que, en este supuesto, tal y como se ha indicado, Estados Unidos sólo calcula la pensión nacional, pues sólo recurre al cálculo de la pensión totalizada a prorrata cuando no se cumple con el derecho a recibir aquella, que no es el caso.

Continuando con lo expuesto, cabe también aludir a otras casuísticas más complejas como el supuesto de un trabajador residente en España a la edad de 67 años, que cuenta con períodos de cotización en un país tercero con convenio bilateral —9 años en Japón—, en otro país miembro —16 en Italia— y en España —12 años— (37 años), ya que sus derechos se rigen por una triple vía. La legislación interna española, el convenio bilateral que resulte de aplicación y la normativa de coordinación de los países miembros.

En este caso, el trabajador no ha generado el derecho a obtener ninguna de las pensiones nacionales pues, en ninguno de los países ha cotizado el tiempo mínimo requerido para ello. Recuérdese que en España se necesitan 15 años, en Japón 10 y en Italia 20. Así, y en la medida en que no es posible realizar la totalización vía convenio y reglamento de coordinación de manera conjunta, la institución española ha de coordinarse con las de Japón e Italia para calcular, por una parte, la pensión totalizada y prorrateada con Japón y, por otra, lo mismo con las cotizaciones de Italia. En cualquier caso, una vez realizada la totalización el trabajador tiene derecho a ver reconocida una pensión a prorrata por parte de cada uno de estos países.

Pues bien, si a estas carreras de cotización fraccionadas se le añade la particularidad de que parte de las cotizaciones se han realizado en países que no cuentan con un convenio en materia de Seguridad Social con España, la situación se complica aún más. Por ejemplo, un nómada digital que cuenta con una carrera de cotización de 11 años en España, 2 en Italia, 1 en Alemania, 5 en Filipinas, 8 en Tailandia y 10 en Costa Rica (37 años de cotización) que se traslada a residir a España para disfrutar de su jubilación.

En este caso, al no haberse generado el derecho a la pensión nacional únicamente con las cotizaciones realizadas en España, la institución española ha de proceder a totalizar sus cotizaciones con las extranjeras. Ello, teniendo en cuenta que, por un lado, se totalizan con las cotizaciones realizadas en Italia y Alemania vía reglamento de coordinación de los países miembros y, por otra, con las realizadas en Filipinas vía convenio bilateral. Sin embargo, las cotizaciones realizadas en Tailandia y Costa Rica, con un total de 18 años, no pueden ser totalizadas y computadas pues, no existe convenio en materia de Seguridad Social. El posible derecho prestacional derivado de estas cotizaciones depende de la legislación de dichos países y de si es posible obtener pensión alguna con tales períodos. En caso contrario, dichas cotizaciones ni generan derecho en el país en el que se han realizado ni en España, que las tiene por no realizadas.

Otro aspecto a tener en cuenta cuando se cotiza en países sin convenio es el relativo al requisito del período de carencia específica de dos años en el intervalo de los quince inmediatamente anteriores a la jubilación pues, en estos casos, no es posible asimilar la situación de alta de tales países. Al contrario de lo que ocurre cuando sí existen mecanismos de coordinación en materia de Seguridad Social.

Luego, según lo descrito, a mayor fraccionamiento de las cotizaciones en distintos países, más compleja resulta la determinación de la prestación. Algo que puede perjudicar enormemente a los nómadas digitales. Más aún, si en la ecuación se incluyen cotizaciones realizadas con países que no cuentan con convenios bilaterales o multilaterales entre ellos. Hasta el extremo de que su inexistencia deja ampliamente desprotegido al trabajador y se convierte en un obstáculo a la libre circulación de trabajadores. Ello, como consecuencia de que, si el traslado a un país durante un determinado período de tiempo no genera derechos prestacionales a futuro, es previsible que se produzca un efecto disuasorio en el trabajador, que puede decidir no trasladarse o, en su caso, hacerlo a otro país que le ofrezca mayores garantías. Esto, en el supuesto de que se trate de una situación catalogada como movilidad de tipo migratorio en la que es el trabajador el que decide acerca del traslado hacia otro país para trabajar pues, también puede darse la hipótesis de que el traslado se produzca a instancias de la empresa, y en lugar de hacerlo manteniendo el contrato laboral y, con ello. la vinculación al sistema español mediante la situación asimilada al alta, en los términos expuestos en el capítulo anterior, para ahorrar costes se proceda a extinguir el contrato y celebrar otro en el país de destino con una empresa filial. Es decir, a trasladar al trabajador a otro país, no en régimen de trabajador desplazado, sino en términos equivalentes a la situación del trabajador migrante, que queda sujeto al sistema de Seguridad Social del país de destino, en este caso además sin convenio de coordinación con el Estado español.

Además, la existencia o no de estos convenios de Seguridad Social implica que, por ejemplo, varios trabajadores que desarrollan la misma actividad en una determinada empresa puedan tener un distinto nivel de cobertura y protección social dependiendo de los países de origen. Algo que no resulta acorde con el principio de igualdad de trato.

En estas circunstancias, la única alternativa es la de suscribir un Convenio Especial de Seguridad Social para continuar vinculado al sistema de Seguridad Social español a pesar del traslado a otro país. El Convenio especial para los emigrantes españoles e hijos de estos que trabajen en el extranjero y seglares, misioneros y cooperantes (artículo 15 de la Orden TAS/2865/2003, de 13 de octubre), dirigido a los emigrantes españoles y los hijos de éstos que posean la nacionalidad española, permite mantener la cotización en el sistema español mediante una situación asimilada al alta para futuras prestaciones, entre las que se incluye la jubilación —las otras prestaciones protegidas son la incapacidad permanente y la muerte y supervivencia—.

Todo ello, con independencia de si con anterioridad se ha estado o no afiliado a la Seguridad Social española y del país en el que se trabaje o se realicen programas formativos o de investigación remunerados que no impliquen una relación laboral. Igualmente, de que dicho país tenga o no suscrito un acuerdo o convenio en materia de Seguridad Social con España. Además, se puede suscribir en cualquier momento —mediante el modelo TA-0040— y sin necesidad de cumplimiento de plazo alguno.

No obstante, sí que se exige la acreditación de la estancia y trabajo en el extranjero a través de cualquier medio de prueba admitido en derecho y, en especial, mediante fotocopia compulsada —por la Consejería de Trabajo y de Asuntos Sociales española o por el Consulado español del país de inmigración— del permiso de trabajo o estancia extendidos por las autoridades correspondientes de dicho país. Aunque también se puede suscribir en el momento del retorno al territorio español, siempre que no se hallen incluidos obligatoriamente en algún régimen público de protección social en España.

Junto a las ventajas asociadas a esta posibilidad de mantener la sujeción al sistema español es preciso también apuntar varios inconvenientes. El primero de ellos, es el coste económico de estas cotizaciones, que se suma al generado por las realizadas en el país de destino, donde también hay que cotizar. El segundo, es el carácter limitado de su cobertura.

En relación con el primero de estos inconvenientes, hay que indicar que este coste se calcula a partir de la base de cotización mínima vigente en cada momento para el Régimen General, sobre la que se aplica el tipo de cotización vigente también para dicho régimen y, a su vez, el coeficiente establecido a tal efecto. Para el año 2023 esto ha implicado una cuota mensual de 335 euros, calculados sobre una base de 1.260 euros, un porcentaje de cotización del 28,3 y un coeficiente de 0,94. Por tanto, no se trata de un coste menor (Orden PCM/74/2023, de 30 de enero, por la que se desarrollan las normas legales de cotización a la Seguridad Social, desempleo, protección por cese de actividad, Fondo de Garantía Salarial y formación profesional para el ejercicio 2023, modificado por la Orden PCM/313/2023, de 30 de marzo).

El otro gran inconveniente por señalar es el carácter limitado de su cobertura ya que, al hacerse coincidir la cotización con la base de cotización mínima vigente en cada momento para el Régimen General, indudablemente se reduce el importe de la futura prestación.

Así, el análisis de la conveniencia o no de su suscripción ha de incluir ciertos aspectos como la carrera de cotización con la que cuenta el trabajador con respecto a los años faltantes para alcanzar el período exigido para la jubilación, la estimación del tiempo de suscripción del convenio o la comparativa con el coste y cobertura de los planes de pensiones privados que existan en el mercado, que quizás incluyan una mejor cobertura. En cualquier caso, su carácter más o menos ventajoso depende de las circunstancias de cada caso concreto.

En definitiva, de todo lo expuesto, se puede concluir que los convenios existentes actualmente resultan insuficientes y además su contenido no se encuentra en línea con las nuevas realidades y formas de movilidad del mercado laboral. Resulta necesario que estos convenios se desarrollen y extiendan en consonancia con el auge y expansión de esta movilidad de carácter profesional. Ello, tanto para garantizar un adecuado nivel de protección para todos los trabajadores, además, en términos de igualdad, como de favorecer al mercado de trabajo y, en definitiva, a la propia economía.

Además, con ello se daría cumplimiento, en términos efectivos, a la obligatoriedad de los Estados de definir y ejecutar sus políticas para garantizar una adecuada protección social y facilitar el retorno de los extranjeros en el exterior pues, con los convenios existentes hasta la fecha, no parece que la garantía de obtener una futura pensión adecuada, suficiente y digna esté garantizada en todos los supuestos de movilidad, según los territorios en los que se produzca.

Resulta indudable que, si los sistemas de trabajo tienen a la internacionalización, los sistemas de Seguridad Social hayan de adaptarse a esta realidad y reconfigurar su carácter territorialista hacia una mayor dimensión internacional, garantizándose así que ningún trabajador se vea perjudicado por el hecho de haber ejercido su derecho a la libre circulación. Asimismo, tampoco parece coherente que, por un lado, se trate de atraer al talento internacional, entre otros, con la configuración de nuevos visados dirigidos a los trabajadores de países terceros, que incluye a los teletrabajadores internacionales, pero por otro, no se garantice que el tiempo trabajado y cotizado en España sirva para el cómputo de una futura prestación de jubilación en cualquier país al que el trabajador decida trasladarse.

Es probable que la negociación y ampliación de un mayor número de convenios bilaterales en términos aceptables resulte algo complejo pues, entre otras cuestiones, por intereses y circunstancias muy diversas, puede haber Estados que se abstengan de hacerlo. Una fórmula que se ha planteado y que parece interesante es la creación de un sistema único y universal a través de la creación de un Convenio de la OIT que los países posteriormente tendrían que ratificar[36]. Asimismo, otra alternativa, posiblemente más factible que la anterior, es la suscripción de un convenio de carácter multilateral entre la Unión Europea y las distintas zonas geográficas que conforman los países terceros como, por ejemplo, Iberoamérica[37]. Es decir, una opción intermedia entre la negociación de los convenios bilaterales de manera individualizada con cada país y la existencia de un convenio universal. Así, se facilitaría la coordinación de los sistemas de Seguridad Social de todos estos países, con un sistema único que permitiría garantizar la

36. BRANDOLINI, E. M. *La portabilidad del derecho de previsión social en la legislación comunitaria. Comparación con otras áreas del mundo y su posible extensión*, Tesis Doctoral, Universidad Autónoma de Barcelona, 2015, p. 211.
37. GALA DURÁN, C. «La portabilidad de derechos en el marco de la movilidad internacional de trabajadores…», ob. cit. p. 94.

portabilidad de los derechos y dar igual cobertura a un amplio número de trabajadores en un contexto de movilidad entre estos territorios. Además, al ser un sistema único también se facilitaría la labor interna de coordinación por parte de las instituciones competentes de cada país.

Bibliografía

ABLANEDO REYES, E. *Análisis de los sistemas de pensiones europeos e internacionales*, Bruiselas, SOCIEUX+ Iniciativa de la Unión Europea para la protección social, el trabajo y el empleo, 2020.

AZUERO ZÚÑIGA, F. «El sistema de pensiones en Colombia. Institucionalidad, gasto público y sostenibilidad financiera», serie *Macroeconomía del Desarrollo*, núm. 206 (LC/TS.2020/63), Santiago, Comisión Económica para América Latina y el Caribe (CEPAL), 2020, pp. 11-17.

BALAGUER CALLEJÓN, F. «El contenido esencial de los derechos constitucionales y el régimen jurídico de la inmigración. Un comentario a la STC 236/2007». *Revista de Derecho Constitucional Europeo*, núm. 10, 2008.

BELTRAN AGUIRRE, J. L. «El requisito de «residencia» exigido a los extranjeros para el acceso a prestaciones y servicios públicos: su alcance a la luz de la doctrina del TC». *Revista Aranzadi Doctrinal*, núm. 11, 2015.

BIGGS, A. AMERICAN ENTERPRISE INSTITUTE. *Replacement Rates and the Retirement Crisis*, 2023.

BLASCO JOVER, C. *Controversias en torno a los grupos de empresas*, Valencia, Tirant lo Blanch, 2021.

BRANDOLINI, E. M. *La portabilidad del derecho de previsión social en la legislación comunitaria. Comparación con otras áreas del mundo y su posible extensión*, Tesis Doctoral, Universidad Autónoma de Barcelona, 2015.

CALVO CÁDIZ, E. «Libre circulación y residencia de los ciudadanos de la Unión: diez años después de la Directiva 2004/38 y siete después del Real Decreto 240/2007». *Revista del Ministerio de Empleo y Seguridad Social*, núm. 110, 2014, pp. 223-237.

CARRASCOSA BERMEJO, D. «Teletrabajo internacional y legislación de Seguridad Social aplicable: estado de la cuestión y perspectivas en los Reglamentos de coordinación de la UE». *Revista Internacional y Compa-*

rada de relaciones laborales y derecho del empleo, vol. 10, núm. 2, abril-junio de 2022, pp. 217-249.

CARRASCOSA BERMEJO, D. «Seguridad Social en el teletrabajo internacional postpandémico y en el caso específico del nomadismo digital». *Revista Labos*, núm. 1, vol. 4, 2023, pp. 59-92.

CARRIL VÁZQUEZ, X. M. *Tres apuntes sobre la regulación legal de los desplazamientos fronterizos en el Derecho del trabajo y de la Seguridad Social de la Unión Europea y su impacto en el Derecho interno de los Estados miembros*, 2009.

CARRILLO MÁRQUÉZ, D. *Protección social de los mayores: la jubilación. Puntos críticos.*

CASALE D. «La reforma del sistema de pensiones italiano de 2019: ¿un empeoramiento de la insostenible desigualdad del sistema de protección social?». *Revista de Derecho de la Seguridad Social Laborum*, núm. 22, 2020, pp. 185-204.

CASES MÉNDEZ, J. I. «Artículo 42: Protección de los emigrantes», en AAVV. *Comentarios a la Constitución Española de 1978*, tomo IV (Artículos 39 a 55), Alzaga Villaamil, O. (dir.), Madrid, Cortes Generales/EDERSA, 1996, pp. 135-148.

CONFERENCIA INTERNACIONAL DEL TRABAJO. *En busca de un compromiso equitativo para los trabajadores migrantes en la economía globalizada*, 92ª reunión, Ginebra, 2004, pp. 3-19.

DESDENTADO BONETE, A. «Trabajadores desplazados y trabajadores fronterizos en la Seguridad Social Europea: del Reglamento 1408/1971 al Reglamento 883/2004». *Revista del Ministerio de Trabajo y Asuntos Sociales*, núm. 64/2006, pp. 19-40.

DESDENTADO DAROCA, E. «De nuevo sobre los problemas de cálculo de la base reguladora de las pensiones de los trabajadores migrantes. El Caso Salgado González y la STJUE de 21 de febrero de 2013». *Revista de Derecho Social*, núm. 62, 2013.

ESCUDERO RODRÍGUEZ, R. «Teletrabajo», en AAVV. *Descentralización productiva y nuevas formas organizativas del trabajo: X Congreso Nacional de Derecho del Trabajo y de la Seguridad Social*, Zaragoza, 28 y 29 de mayo de 1999, 2000, pp. 761-872.

FOTINOPOULOU BASURKO, O. «La directiva sobre desplazamiento de trabajadores convergencias y divergencias con los reglamentos de coordinación de sistemas de seguridad social europeos». *Revista del Ministerio de Trabajo, Migraciones y Seguridad Social*, núm. 142, 2019, pp. 71-100.

GALA DURÁN, C. «El alcance de la regla de no acumulación de pensiones del art.46 bis.3.c) del reglamento 1408/71. (Comentario a la STJUE de 12 de febrero de 2015, asunto C-114/13)». *Revista de Derecho de la Seguridad Social Laborum*, núm. *extra*, 2015, pp. 455-461.

GALA DURÁN, C. «La portabilidad de derechos en el marco de la movilidad internacional de trabajadores». *Revista documentación Laboral*, núm. 118, vol. 3, 2019, pp. 79-96.

GARCIA DE CORTAZAR Y NEBREDA, C. «El campo de aplicación del Reglamento 883/2004)». *RMTAS*, núm. 64, 2006.

GARCÍA DE CORTÁZAR NEBREDA, C. «Principio de asimilación en el reglamento 883/2004». *Revista Internacional de la Protección Social*, vol. III, núm. 1, 2018, pp. 3-18, http://dx.doi.org/10.12795/e-RIPS.2018.i02.02

GONZÁLEZ ORTEGA, S. *La protección social de los trabajadores extranjeros*, 2006.

GUTIERREZ PERÉZ, M. y HIERRO HIERRO, F. J. «La reforma del sistema de pensiones: una visión comparada España/Francia». *Revista de Internacional y Comparada de relaciones laborales y derecho del empleo*, vol. 7, núm. 2, 2019, pp. 74-96.

HERNÁNDEZ RODRÍGUEZ, A. «Personal de vuelo de las compañías aéreas: tribunal internacionalmente competente en materia de contrato individual de trabajo. (Algunas reflexiones en torno a la STJUE 14 septiembre 2017 asuntos acumulados Crewlink y Ryanair». *Cuadernos de derecho transnacional*, vol. 10, núm. 2, 2018, pp. 852-865.

JIMENA QUESADA. L. «La protección constitucional de las relaciones laborales transnacionales en España». *Revista del Ministerio de Empleo y Seguridad Social*, núm. 132, pp. 49-75.

LLOVERÁ VILA, M. *El Desplazamiento transnacional de trabajadores. Libre Prestación de servicios, Constitución económica y principio de proporcionalidad*, Valencia, Tirant lo Blanch, 2013.

LÓPEZ JIMÉNEZ, J. L. «Las cláusulas de atribución de competencia en los contratos individuales de trabajo en Europa y España. el supuesto de las aerolíneas de bajo coste». *Revista de Estudios Europeos*, núm. 75, 2020, pp. 152-164.

LOUSADA AROCHENA, J. F. «Las bases reguladoras de las pensiones nacionales de los trabajadores migrantes españoles en la Unión Europea». *Revista del Ministerio de Trabajo, Migraciones y Seguridad Social*, núm. 142, 2019, pp. 191-220.

MANEIRO VÁZQUEZ, Y. «Las normas conflictuales en el sistema de coordinación de regímenes de Seguridad Social». *Revista del Ministerio de Empleo y Seguridad Social*, núm. 132, 2017, pp. 249-275.

MARTÍN POZUELO LÓPEZ, A. *El teletrabajo trasnacional en la Unión Europea. Competencia internacional y ley aplicable*, Valencia, Tirant lo Blanch, 2022.

MARTÍN-POZUELO LÓPEZ, A. «La determinación de la legislación de seguridad social aplicable al personal de vuelo», en AAVV. *Jurisprudencia social a debate*, Sala Franco, T. (dir.), Valencia, Tirant lo Blanch, 2023, pp. 207-212.

MEDINA GARCÍA, E. «Trabajadores fronterizos y transfronterizos en España y Portugal a lo largo de la Historia». *Revista de estudios extremeños*, vol. 64, núm. 1, 2008, pp. 61-88.

MERCADER UGUINA, J. R. *El futuro del trabajo en la era de la digitalización y la robótica*, Valencia, Tirant lo Blanch, 2017.

MUNNELL, A. H. «Financial Social Security Perspectives: the update of the perspective of 2023». Chestnut hill, MA: *Retirement Research Center of Boston College*, shortly 23-9, 2023.

OCÁRIZ, M. y LETE MURUGARREN, A. «Perspectiva internacional del teletrabajo. Nuevas formas de trabajo de la sociedad de la información». *Ministerio de Trabajo e Inmigración*, 2001.

OJEDA AVILES, A. «Trabajadores transfronterizos y migrantes los círculos aplicativos en los desplazamientos transnacionales». *Revista de derecho social*, núm. 99, 2022, pp. 17-38.

ORTÍZ GONZÁLEZ-CONDE, F. M. «El ámbito subjetivo en la coordinación de sistemas de seguridad social», en AAVV. *Protección social en España, en la Unión Europea y en el Derecho Internacional*, Aguilar Gonzálvez M. C., Cervilla Garzón, M. J., Ferradans Caramés, C., Guerrero Padrón, T.,

Jover Ramínez, M. C. y Ríbes Moreno, I. (dirs.), Murcia, Laborum, 2017, pp. 53-68.

PÉREZ DE LOS COBOS, F. y THIBAULT. ARANDA, J. El teletrabajo en España. Perspectiva jurídico laboral, Ministerio de Trabajo y Asuntos Sociales, Madrid, 2001.

RODRÍGUEZ-PIÑERO ROYO, M. «La movilidad internacional de trabajadores: aspectos generales y supuestos de movilidad internacional». *Revista del Ministerio de Empleo y Seguridad Social*, núm. 132, 2017, pp. 17-48.

RODRÍGUEZ-PIÑERO Y BRAVO-FERRER, «El desplazamiento temporal de trabajadores y la Directiva 2014/67 relativa a la garantía de cumplimiento de la Directiva 96/71/CEE». *Derecho de las relaciones laborales*, núm. 5, 2016, pp. 407-416.

RODRÍGUEZ ROMERO, R. M. «Trabajadores aéreos en el ámbito comunitario y su protección frente al dumping social intracomunitario». *Revista General de Derecho del Trabajo y de la Seguridad Social*, núm. 47, 2017.

RUESGA BENITO, S. M. y DA SILVA BICHARA, J. «Globalización, relaciones laborales y migración: conceptos básicos y aspectos teóricos». *Clm.economía: Revista económica de Castilla-La Mancha*, núm. 10, 2007, pp. 129-161.

SÁNCHEZ CARRIÓN, J. L. «Los convenios bilaterales de Seguridad Social suscritos por España y su conexión con el derecho comunitario». *Revista del Ministerio de Trabajo y Asuntos Sociales*, núm. 47, 2003, pp. 17-48.

SÁNCHEZ-RODAS NAVARRO, C. «Externalización de la asistencia sanitaria española y derecho de la Unión Europea: (in) aplicación a los inmigrantes irregulares». *Revista Internacional de la Protección Social*, núm. 2, 2018, vol. 3, pp. 1-13.

SANGUINETI RAYMOND, W. «El derecho del trabajo frente al desafío de la transnacionalización del empleo: teletrabajo, nuevas tecnologías y dumping social». *Revista valenciana de economía hacienda,* núm. 13, 2005, pp. 107-134.

SIERRA BENITEZ, E. M. «La protección social en la encrucijada. La expansión del trabajo remoto y la recepción en Europa de los nómadas digitales». *Revista Internacional de la Protección Social*, vol. 6, núm. 2, 2021, pp. 8-18.

TOPO A. Y PENSABENE LIONTI, G. «El sistema de pensiones en Italia. Las últimas reformas, un enfoque sobre la pensión de jubilación y reflexiones sobre el margen de sostenibilidad y adecuación», en AAVV. *La suficiencia y la sostenibilidad de las pensiones desde una perspectiva internacional. especial atención a las personas mayores*, Gómez Salado, M. A. (coord.) Vila Tierno, F. y Gutiérrez Bengoechea, M. (dirs.), 2021, pp. 119-148.

VIDAL FUEYO, M. C. «La jurisprudencia del Tribunal Constitucional en materia de derechos fundamentales de los extranjeros a la luz de la STC 236/2007». *Revista Española de Derecho Constitucional*, núm. 85, 2009, pp. 353-379.

ZALVIDE BASSADONE, A. «Delimitación de la figura del trabajador fronterizo y su evolución conceptual en el panorama de la UE», en AAVV. Libre circulación de trabajadores en la Unión Europea. Treinta años en la Unión: XXXV Jornadas Universitarias Andaluzas de Derecho del Trabajo y Relaciones Laborales, Gorelli Hernández, J (coord.) 2017, pp. 143-151.

ZUBERO, I. «Trabajo y Globalización». *Revista Lan Harremanak*, núm. 12, 2055, pp. 83-101.

Otra bibliografía consultada

COMISIÓN EUROPEA. *Empleo, Asuntos Sociales e Inclusión. La Seguridad Social en Italia*; 2012.

COMISIÓN EUROPEA. *Empleo, Asuntos Sociales e Inclusión. La Seguridad Social en Francia*, 2012.

DATOS MACRO. *Esperanza de vida al nacer* Disponible en: https://datosmacro.expansion.com/demografia/esperanza-vida Consultado: 1 de noviembre de 2023.

EUROPA PRESS. *Turquía elimina la edad mínima de jubilación y permite que más de 2 millones de personas puedan optar a ello*, 29 dic. 2022. Disponible en: https://www.europapress.es/internacional/noticia-turquia-elimina-edad-minima-jubilacion-permite-mas-millones-personas-puedan-optar-ello-20221229035008.html Consultado: 30 de octubre de 2023.

EUROPEAN COMISSION. *Your Social Security rights in Italy*, 2022.

FRANCE24, 1 de septiembre de 2023. *Francia: entra en vigor la controvertida reforma pensional promovida por Macron*. Disponible en: https://www.france24.com/es/francia/20230901-francia-entra-en-vigor-la-controvertida-reforma-pensional-promovida-por-macron Consultado: 25 de octubre de 2023.

FUNDACIÓN MAPFRE. *Economics, Sistemas de pensiones en perspectiva global*, Madrid, 2021.

GOV.CO DEL ESTADO COLOMBIANO. *Cómo funciona el sistema pensional colombiano*. Disponible en: (colpensiones.gov.co) Consultado: 1 de noviembre de 2023.

INE y EUROSTAT. *Gente en movimiento. Estadísticas sobre movilidad europea*, 2019. Disponible en: https://www.ine.es/prodyser/eumove19/blo) c-2c.html?lang=es Consultado: 9 de mayo de 2023.

INSTITUTO NACIONAL DE LA SEGURIDAD SOCIAL (INPS). *Solicitud de Pensión*. Disponible en: https://www.inps.it/it/it/previdenza/domanda-di-pensione.html Consultado: 4 de julio de 2023.

INSTITUTO NACIONAL DE LA SEGURIDAD SOCIAL. SUBDIRECCIÓN GENERAL DE ORDENACIÓN Y ASISTENCIA JURÍDICA. *Consulta: 16/2016, de 7 de septiembre de 2016, sobre coordinación del límite en la prorrata con los coeficientes reductores y con el porcentaje adicional por demora.*

MARTIN GALLARDO, A. *Estadísticas y tendencias sobre nómadas digitales*, 2023. En: Passport Photo Online. Disponible en: https://passport-photo.online/es-es/blog/estadisticas-nomadas-digitales/ Consultado: 12 de junio de 2023.

MINISTERIO DE EMPLEO Y SEGURIDAD SOCIAL. *Criterio técnico número 97/2016, sobre el desplazamiento de trabajadores en el marco de una prestación de servicios transnacional.*

MINISTERIO DEL INTERIOR. *Residencia temporal*. Disponible en: Ministerio del Interior | Residencia temporal Consultado: 21 de marzo de 2023.

NACIONES UNIDAS. *Convención internacional de Naciones Unidas sobre la protección de los derechos de todos los trabajadores migratorios y de sus familiares*. Resolución 45/158, de 18 de diciembre de 1990.

NENKIN. JAPAN PENSION SERVICE. Disponible en: https://www.nenkin.go.jp/ Consultado: 27 de octubre de 2023.

OCDE. *Pensions at a Glance OECD and G20 indicators*, 2021.

OCDE. *Pensions at a glance, Country profile, Turkey*, 2021.

OCDE. *Pensions at a Glance OECD and G20 indicators*, 2023.

OECD. *Better life.* Index. Disponible en: https://www.oecdbetterlifeindex.org/es/topics/health/#:~:text=En%20promedio%2C%20en%20todos%20los,78.3%20a%C3%B1os%20de%20los%20hombres. Consultado: 15 de octubre de 2023.

OIM. ORGANIZACIÓN INTERNACIONAL DE LAS MIGRACIONES. *Informe sobre las migraciones en el mundo* 2020.

ONU. *World Population Ageing Report. Informe sobre el envejecimiento de la población*, 2019.

SOCIAL SECURITY. *Retirement Social Security*. Disponible en: https://www.ssa.gov/retirement Consultado: 30 de noviembre de 2023.

USA.GOV. *Retirement planning tools.* Disponible en: https://www.usa.gov/es/herramientas-planear-jubilacion Consultado: 30 de noviembre de 2023.